女性門下へ

祈りで
幸の行進を

池田大作

池田大作先生と香峯子夫人

目次

ブックデザイン　地代紀子

一、本書は、「大白蓮華」に掲載された「世界を照らす太陽の仏法」（2021年6月号、2月号、5月号、2022年2月号、4月号＝本書収録順）を一部加筆し、『女性門下へ　祈りで幸の行進を』として収録した。

一、御書の引用は、『日蓮大聖人御書全集　新版』（創価学会版）に基づき、ページ数は（新○○ページ）と示した。『日蓮大聖人御書全集』（創価学会版、第二七八刷）のページ数は（全○○ページ）と示した。

一、法華経の引用は、『妙法蓮華経並開結』（創価学会版、第二刷）に基づき（法華経○○ページ）と示した。

一、引用文のなかで、旧字体を新字体に、旧仮名遣いを現代仮名遣いに改めたものもある。また、句読点を補ったものもある。

一、肩書、名称、時節等については、掲載時のままにした。

一、説明が必要と思われる語句には、〈注○〉を付け、編末に「注解」を設けた。

——編集部

「師弟共戦《していきょうせん》の勇気《ゆうき》」と「異体同心《いたいどうしん》の団結《だんけつ》」

白《しら》ゆりの
　香《かお》りも高《たか》き
集《つど》いかな
　心の清《きよ》き
友《とも》どちなれば

――1951年（昭和26年）6月、妙法の偉大《いだい》さに目覚《めざ》め、新《あら》たなスクラムで広宣流布へ出発《しゅっぱつ》する創価の女性たちに対《たい》して、恩師《おんし》・戸田城聖《じょうせい》先生が詠《よ》まれた歌《うた》です。

戸田先生はこの年の5月、第《だい》2代《だい》会長に就任《しゅうにん》すると、直《ただ》ちに、尊貴《そんき》なる女性の力《ちから》の結集《けっしゅう》に着手《ちゃくしゅ》されました。6月には婦人部を、そして7月には女子部を結《けっ》成《せい》されたのです。

心清《きよ》き、尊貴《そんき》な友《とも》の前進《ぜんしん》

先生は、期待《きたい》を込《こ》めて、こう言われました。

「学会の発展《はってん》の姿《すがた》、また活動する姿を見ても、いつも女性の方《ほう》が、男性より一歩《いっぽ》先《さき》んじて前進《ぜんしん》しているようである」

「妙法受持《じゅじ》の女性は、最《もっと》も尊貴《そんき》な女性であることを自覚《じかく》してもらいたい。妙法の実践《じっせん》の証明《しょうめい》が、未来にどう開花《かいか》していくか、今後《こんご》、私と共《とも》に、どこまでも戦《たたか》ってもらいたいんです」

この願《ねが》いのまま、創価の女性は学会の発展《はってん》の原動力《げんどうりょく》となって、活躍《かつやく》してきました。

そして今、「女性部」という桜梅桃李《おうばいとうり》のスクラムとなり、清《きよ》き、尊《とうと》き師弟共《していきょう》戦《せん》の歩《あゆ》みは、新《あら》たな段階《だんかい》を迎《むか》えました。ヤング白《しら》ゆり世代《せだい》のはつらつたる「創《そう》春《しゅん》の舞《まい》」、生命哲学《せいめいてつがく》を学《まな》ぶ華陽姉妹《かようしまい》の朗らかな前進《ぜんしん》も歓喜《かんき》の輪《わ》を広《ひろ》げていきます。今、大聖人直結《ちょっけつ》の「女性門下《もんか》」の誉《ほま》れも高く、広布誓願《せいがん》の祈《いの》りで「幸《さち》の行《こう》進《しん》」を繰《く》り広げてくれています。「女性の世紀」の本舞台《ほんぶたい》が開幕《かいまく》したのです。

久遠《くおん》の誓《ちか》いを果《は》たす永遠《えいえん》の同志《どうし》

日蓮大聖人は、「各々《おのおの》、師子王《ししおう》の心《こころ》を取《と》り出《い》だして」（新1620ジペー・全1190ジペー）、「法華経の師子王《ししおう》を持《たも》つ女人《にょにん》」（新1745ジペー・全1316ジペー）等《とう》と仰《おお》せです。老若男女《ろうにゃくなんにょ》を問《と》わず、法華経の行者《ぎょうじゃ》〈注1〉は皆《みな》、師子王なのです。私は、わが同志《どうし》と共《とも》に、この一点《いってん》をまず確認《かくにん》したい。

広宣流布の拡大《かくだい》も、立正安国《りっしょうあんこく》〈注2〉の実現《じつげん》も、「一人立《ひとりた》つ」師子王《ししおう》の実践《じっせん》から始《はじ》まります。一人が師子王となって立てば、周囲《しゅうい》に必《かなら》ず波動《はどう》を起《お》こします。自他共《じたとも》の仏性《ぶっしょう》を呼《よ》び覚《さ》まし、それぞれの尊厳性《そんげんせい》を輝《かがや》かせながら、「師子王の心」を持《も》つ、勇者《ゆうしゃ》の陣列《じんれつ》を築《きず》いていくのです。

私たちは皆《みな》が、妙法流布という久遠《くおん》の誓《ちか》いを果《は》たすために出現《しゅつげん》した地涌《じゆ》の菩薩《ぼさつ》〈注3〉であり、永遠《えいえん》の同志《どうし》です。

戸田先生は、我々《われわれ》は、霊鷲山《りょうじゅせん》〈注4〉にいても、娑婆《しゃば》世界〈注5〉にいても、常《つね》に「楽《たの》しく清《きよ》く、晴《は》ればれとしたみな仲《なか》のよい友《とも》ばかりの世界」にいるのだ、と言われたこともあります。

「奇《く》しき縁《えにし》」で結《むす》ばれた協調《きょうちょう》と和楽《わらく》のスクラムの躍動《やくどう》によってこそ、広宣流布の大道《だいどう》が開《ひら》かれます。その要諦《ようてい》が、「師弟共戦《していきょうせん》の勇気《ゆうき》」と「異体同心《いたいどうしん》の団結《だんけつ》」なのです。

閻浮提中御書《えんぶだいちゅうごしょ》

御文（新2048ページ・全1589ページ）

願《ねが》わくは、我《わ》が弟子《でし》等《ら》、師子王《ししおう》の子《こ》となりて、群狐《ぐんこ》に笑《わら》わるることなかれ。過去遠々劫《かこおんのんごう》より已来《このかた》、日蓮《にちれん》がごとく身命《しんみょう》をすて捨《》て強敵《ごうてき》の科《とが》を顕《あらわ》す師《し》には値《あ》いがた難《》かるべし。

現代語訳

願《ねが》わくは日蓮の弟子《でし》等《ら》は師子王《ししおう》の子《こ》となって、群《む》れなす狐《きつね》などに笑《わら》われることがあってはならない。過去遠々劫以来《かこおんのんごういらい》、日蓮のように、身《しん》命《みょう》を捨《す》てて強敵《ごうてき》の罪《つみ》を顕《あらわ》す師《し》には値《あ》い難《がた》いのである。

〝わが弟子《でし》よ、悠然《ゆうぜん》と進《すす》みゆけ！〟

「閻浮提中御書《えんぶだいちゅうごしょ》」〈注6〉は、大聖人の偉大《いだい》なる御境涯《ごきょうがい》と弟子《でし》の実践《じっせん》について示《しめ》された重要《じゅうよう》な御書です。

広宣流布とは、永遠《えいえん》に仏《ほとけ》と魔《ま》との闘争《とうそう》です。大聖人は立宗宣言《りっしゅうせんげん》以来《いらい》、いかなる迫害《はくがい》の嵐《あらし》が吹《ふ》き荒《あ》れようとも、民衆救済《みんしゅうきゅうさい》のために幾多《いくた》の大難《だいなん》を勝《か》ち越《こ》え、妙法を説《と》き弘《ひろ》めてくださいました。

大聖人こそ末法《まっぽう》の御本仏《ごほんぶつ》であり、一切《いっさい》に勝利《しょうり》していかれる真正《しんせい》の「師子王《ししおう》」にほかなりません。師子王とは仏《ほとけ》の異名《いみょう》でもあります。

御文《ごもん》に「願《ねが》わくは、我《わ》が弟子等《でしら》、師子王《ししおう》の子《こ》となりて、群狐《ぐんこ》に笑《わら》わるることなかれ」と仰《おお》せです。

弟子《でし》たちもまた「師子王《ししおう》の子《こ》」として決然《けつぜん》と立て！「師子王」と育《そだ》ちゆけ！ 悠然《ゆうぜん》と進《すす》め！――烈々《れつれつ》たる気迫《きはく》に満《み》ちあふれた御金言《ごきんげん》です。

「師子王《ししおう》の子《こ》」たる絶対《ぜったい》の確信《かくしん》を

「群狐《ぐんこ》」とは、広宣流布を阻《はば》もうと、ただ騒《さわ》ぎ立てるために、卑劣《ひれつ》な誹謗《ひぼう》や中傷《ちゅうしょう》を浴《あ》びせてくる者《もの》たちのことです。そんな輩《やから》になど、ゆめゆめ笑《わら》われてはならないとのお言葉《ことば》です。

「彼《かれ》らは野干《やかん》のほう《吠》るなり」(新1620ページ・全1190ページ)であり、「日蓮《にちれん》が一《いち》門《もん》は師子《しし》の吼《ほ》うるなり」(同)です。師子がひとたび吼えれば、「群狐《ぐんこ》」や「野干」〈注7〉は恐《おそ》れをなして、逃《に》げていくのです。

私たちは正義《せいぎ》の師子吼《ししく》で、いかなる魔《ま》の蠢動《しゅんどう》をも毅然《きぜん》と打《う》ち破《やぶ》っていけるのです。

戸田先生は、「この師子王《ししおう》の子《こ》たる確信《かくしん》なくして、日蓮大聖人の門下《もんか》とは絶対《ぜったい》にいいえないのである。この確信こそ、いかにも荘厳《そうごん》にして、勇壮《ゆうそう》なものではないか」と語られていました。

毅然《きぜん》たる王者《おうじゃ》の大境涯《だいきょうがい》

御文《ごもん》では続《つづ》いて、「過去遠々劫《かこおんのんごう》より已来《このかた》、日蓮《にちれん》がごとく身命《しんみょう》をすて《捨》て強敵《ごうてき》の科《とが》を顕《あらわ》す師《し》には値《あ》いがた《難》かるべし」と仰《おお》せです。御自身《ごじしん》が、どのように「師子王《ししおう》」の実践《じっせん》を貫《つらぬ》かれてきたかを厳然《げんぜん》と弟子《でし》に伝《つた》えられているのです。

「強敵《ごうてき》の科《とが》を顕《あらわ》す」とある通《とお》り、大聖人は、真実《しんじつ》の仏法を語り、謗法《ほうぼう》の邪義《じゃぎ》を破折《はしゃく》し、権力《けんりょく》の魔性《ましょう》に挑《いど》んでいかれました。

それは、まさに命懸《いのちが》けの戦《たたか》いでした。しかし、「刀《かたな》の難《なん》は……東条《とうじょう》の松原《まつばら》と竜《たつ》の口《くち》となり」（新1890ページ・全1557ページ）、また「しばしば擯出《ひんずい》」（新103ページ・全224ページ等）と死罪《しざい》に等《ひと》しい遠流《おんる》にあっても、「師子王《ししおう》のごとくなる心《こころ》をもてる者《もの》、必《かなら》ず仏《ほとけ》にな《成》るべし」（新1286ページ・全957ページ）と仰《おお》せの通《とお》り、師子王として敢然《かんぜん》と戦い、毅然《きぜん》たる王者《おうじゃ》の大境涯《だいきょうがい》を示《しめ》されたのです。

今、大聖人の門下《もんか》として広宣流布に邁進《まいしん》している創価の師弟《してい》もまた、どこまでも、御聖訓《ごせいくん》の通《とお》り、正義《せいぎ》の誇《ほこ》りに胸《むね》を張《は》り勇敢《ゆうかん》に弟子《でし》の実践《じっせん》を貫《つらぬ》いていくのです。

胸中《きょうちゅう》の尊極《そんごく》な生命《せいめい》を取《と》り出《い》だす

一切《いっさい》は、勇気《ゆうき》から始《はじ》まります。勤行・唱題は、胸中《きょうちゅう》の勇気を湧《わ》き出《い》だす戦《たたか》いです。自他共《じたとも》の変革《へんかく》のため、対話《たいわ》していくのも勇気が不可欠《ふかけつ》です。三障四魔《さんしょうしま》〈注8〉に負《ま》けない「信《しん》の利剣《りけん》」を揮《ふる》うのも勇気《ゆうき》。三類《さんるい》の強敵《ごうてき》〈注9〉を打《う》ち破《やぶ》って力強《ちからづよ》く前進《ぜんしん》するのも勇気が根本《こんぽん》です。個人《こじん》の宿命転換《しゅくめいてんかん》も、人《じん》類《るい》の宿命転換も、その大《おお》いなる境涯革命《きょうがいかくめい》は勇気が原動力《げんどうりょく》です。

御文《ごもん》の「身命《しんみょう》をすてて《捨》強敵《ごうてき》の科《とが》を顕《あらわ》す」という実践《じっせん》を私たちに置《お》き換《か》えてみれば、それはすなわち、「不惜身命《ふしゃくしんみょう》の勇気《ゆうき》」「破邪顕正《はじゃけんせい》の勇気」の行動《こうどう》に徹《てっ》することと拝《はい》せるでしょう。

「師子王《ししおう》は百獣《ひゃくじゅう》におじず。師子《しし》の子《こ》、またかくのごとし」（新1620ページ・全1190ページ）です。誰人《たれびと》の胸中《きょうちゅう》にも、もともと「師子王の心」すなわち、最高《さいこう》の「勇気《ゆうき》」が具《そな》わっています。その尊極《そんごく》の生命《せいめい》を信心で取《と》り出《い》だしていくのです。

不惜身命《ふしゃくしんみょう》と破邪顕正《はじゃけんせい》の闘争《とうそう》を

そこで、「不惜身命《ふしゃくしんみょう》の勇気《ゆうき》」というのは、決《けっ》して生命《せいめい》を軽《かろ》んずることではありません。

不惜身命《ふしゃくしんみょう》とは、自身《じしん》の生活《せいかつ》と人生《じんせい》において、究極《きゅうきょく》の生命尊厳《せいめいそんげん》の法《ほう》たる妙法に生《い》き抜《ぬ》くことです。それはすなわち、自分自身《じぶんじしん》の小我《しょうが》にとらわれるのではなく、人々の幸福《こうふく》のために、仏《ほとけ》の生命に合致《がっち》した大我《たいが》に立って戦《たたか》い抜《ぬ》く、ということにほかなりません。

「破邪顕正《はじゃけんせい》の勇気《ゆうき》」とは、民衆《みんしゅう》を惑《まど》わす悪《あく》を見過《みす》ごさず、敢然《かんぜん》と正義《せいぎ》の声《こえ》をあげていくことです。

先師《せんし》・牧口常三郎《つねさぶろう》先生はよく「すすんで魔《ま》を駆《か》り出《だ》して退治《たいじ》する」と言われました。目に見えない魔の勢力《せいりょく》をあえて駆り出すことで、「強敵《ごうてき》の科《とが》」を顕《あらわ》すのです。

大聖人は、佐渡《さど》に住む女性門下《もんか》の千日尼《せんにちあま》に「一《いち》の師子王《ししおう》吼《ほ》うれば百子力《ひゃくしちから》を得《え》て、諸《もろもろ》の禽獣《きんじゅう》、皆頭七分《みなこうべしちぶん》にわる《破》」（新1745ページ・全1316ページ）と仰《おお》せです。また、法華経の尊《とうと》さを「地走《はし》る者の王《おう》たり、師子王《ししおう》のごとし」（新1737ページ・全1310ページ）とも示《しめ》されました。千日尼は常《つね》に、大聖人が教えられた通《とお》りに、「師子王の心」を取《と》り出《い》だしながら佐渡《さど》の門下《もんか》の中心的存在《そんざい》として活躍《かつやく》をしたことでしょう。

地涌《じゆ》の使命《しめい》に生《い》き抜《ぬ》き、自分自身《じぶんじしん》が師子王《ししおう》となって、大切《たいせつ》な学会同志《どうし》に、魔《ま》など絶対《ぜったい》に寄《よ》せ付《つ》けない。断固《だんこ》として正義《せいぎ》の勢力《せいりょく》を拡大《かくだい》していく。この強《つよ》き決《けっ》意《い》と勇気《ゆうき》の行動《こうどう》に徹《てっ》していくことです。

兵衛志殿《ひょうえのさかんどの》御返事《ごへんじ》（兄弟同心《きょうだいどうしん》の事《こと》）

御文

（新1503ページ・全1108ページ）

二人《ふたり》一同《いちどう》の儀《ぎ》は、車《くるま》の二《ふた》つのわ《輪》のごとし、鳥《とり》の二《ふた》つの羽《はね》のごとし。たとい妻子《さいし》等《とう》の中《なか》のたがわ《違》せ給《たも》うとも、二人《ふたり》の御《おん》中《なか》、不和《ふわ》なるべからず。恐《おそ》れ候《そうら》えども、日蓮《にちれん》をたいと《尊》しとお《思》もいあわ《合》せ給《たま》え。もし中不和《なかふわ》にならせ給《たも》うならば、二人《ふたり》の冥《みょう》加《が》いかんがあるべかるらめと思《おぼ》しめせ。あなかしこ、あなかしこ。各々《おのおの》みわきかたきもたせ給《たま》いたる人々《ひとびと》なり。内《うち》より論《ろん》出《い》で来《きた》らば、鷸蚌《いつぼう》の相扼《あいひし》ぐも漁夫《ぎょふ》のおそれ《恐》有《あ》るべし。南無妙法蓮華経と御唱《おんとな》え、つつしむ《慎》べし、つつしむべし。

現代語訳

二人《ふたり》が一体《いったい》で進《すす》む姿《すがた》は車《くるま》の両輪《りょうりん》のようである。鳥《とり》の二つの翼《つばさ》のようである。たとえ、妻子《さいし》などが仲違《なかたが》いをされることがあっても、兄弟《きょうだい》二人の仲《なか》は、不和《ふわ》になってはなりません。

こう言うと恐縮《きょうしゅく》ですが、二人《ふたり》がともに日蓮のことを尊《とうと》いと思《おも》って、心を合わせていきなさい。もし二人の仲《なか》が不和《ふわ》になられたならば、二人に対《たい》する加護《かご》がどうなってしまうかと考《かんが》えていきなさい。あなかしこ、あなかしこ。あなた方《がた》は、(極楽寺良観《ごくらくじりょうかん》らの)はっきりとした敵《かたき》をもつ身《み》であります。それゆえ、内輪《うちわ》から争《あらそ》いを起《お》こせば、鳥《とり》と貝《かい》が争《あらそ》っているうちに、どちらも漁師《りょうし》に捕《と》られてしまったようになるでしょう。

南無妙法蓮華経と唱《とな》え、身《み》を慎《つつし》んでいきなさい。慎んでいきなさい。

「未来《みらい》までのもの物語《がたり》」

武蔵国《むさしのくに》（東京、埼玉、神奈川の一部）の池上兄弟《いけがみきょうだい》〈注10〉の兄《あに》・宗仲《むねなか》と弟《おとうと》・宗長《むねなが》は、大聖人の立宗宣言後《りっしゅうせんげんご》、比較的初期《ひかくてきしょき》のころに入信《にゅうしん》したと伝《つた》えられています。

しかし、極楽寺良観《ごくらくじりょうかん》を信奉《しんぽう》し、たぶらかされていた父《ちち》・康光《やすみつ》から、法華経の信仰《しんこう》を捨《す》てるように迫《せま》られ、兄《あに》・宗仲《むねなか》は建治年間《けんじねんかん》に二度《にど》にわたって勘当《かんどう》を受《う》けたのです。

当時《とうじ》の武家社会《ぶけしゃかい》における勘当《かんどう》とは、家督相続権《かとくそうぞくけん》を失《うしな》う大変《たいへん》に厳《きび》しいものでした。しかし、兄《あに》の宗仲《むねなか》は、信仰《しんこう》を選《えら》び取りました。したがって、自分《じぶん》に家督《かとく》が譲《ゆず》られる可能性《かのうせい》が生《しょう》じた宗長《むねなが》は、信仰《しんこう》を取《と》るのか、それとも社会的《しゃかいてき》な地位《ちい》や財《ざい》産《さん》を取るのか、苦《くる》しい二者択一《にしゃたくいつ》を迫《せま》られました。

それだけに大聖人も、特《とく》に弟《おとうと》の宗長《むねなが》のことを心配《しんぱい》され、厳愛《げんあい》の指導《しどう》を続《つづ》けられました。「兄弟抄《きょうだいしょう》」をはじめとして、何編《なんぺん》もの御書をつづられ、池上《いけがみ》兄弟に対《たい》して難《なん》を乗《の》り越《こ》える信心を教《おし》え、団結《だんけつ》して進《すす》むことの大切《たいせつ》さを打《う》ち込《こ》まれています。池上兄弟とその夫人《ふじん》たちは、苦闘《くとう》が続《つづ》く中、大聖人の仰《おお》せのままに揺《ゆ》るぎない異体同心《いたいどうしん》の団結《だんけつ》で、一歩《いっぽ》も退《しりぞ》きませんでした。

弟《おとうと》の宗長《むねなが》の妻《つま》に送《おく》られた御書も数編《すうへん》が残《のこ》されています。その中で大聖人は「女房《にょうぼう》のはからい《計》か」（新1482㌻・全1094㌻）等と、夫人《ふじん》の信仰《しんこう》を讃《たた》えられています。

こうして、兄弟《きょうだい》と夫人《ふじん》たちの不屈《ふくつ》の信心と行動《こうどう》の結果《けっか》、兄《あに》の勘当《かんどう》が許《ゆる》されたばかりではなく、父親《ちちおや》が入信《にゅうしん》するに至《いた》りました。見事《みごと》に困難《こんなん》を乗《の》り越《こ》え、一家《いっか》和楽《わらく》と凱歌《がいか》の実証《じっしょう》を打ち立てたのです。

それは、七百数十年を経《へ》た今もなお語り継《つ》がれる「未来《みらい》までのものがたり《物語》」

（新1477ジペー・全1086ジペー）と輝《かがや》き光《ひか》っています。

さらに互《たが》いに心を合わせて

ここで拝《はい》する御書は父親《ちちおや》が入信《にゅうしん》し、そして亡《な》くなった後《のち》に、弟《おとうと》・宗長《むねなが》宛《あ》てにつづられたお手紙《てがみ》とされていますが、兄弟《きょうだい》に対《たい》してさらに団結第一《だんけつだいいち》で進《すす》むよう誡《いまし》められています。

大聖人は、池上兄弟《いけがみきょうだい》の団結《だんけつ》の姿《すがた》を「車《くるま》の両輪《りょうりん》」「鳥《とり》の二《ふた》つの翼《つばさ》」に譬《たと》えられ、たとえいかなることがあっても、兄弟二人《ふたり》は、どこまでも仲良《なかよ》く前進《ぜんしん》していきなさいと仰《おお》せです。

車輪《しゃりん》が片方《かたほう》だけであったり、鳥《とり》の翼《つばさ》が一つだけしかなかったら、まっすぐ進《すす》んだり飛《と》んだりすることは難《むずか》しい。苦難《くなん》の悪路《あくろ》を乗《の》り越《こ》え、目的地《もくてきち》にたどり着《つ》くためには、互《たが》いに心を合わせて、呼吸《こきゅう》を合わせていくべきであることを重《かさ》ねて促《うなが》されているのです。

その要諦《ようてい》として、大聖人は「日蓮《にちれん》をたい《尊》としとおも《思》いあ《合》わせ給《たま》え」と明快《めいかい》に仰《おお》せです。

万人成仏《ばんにんじょうぶつ》、万人尊敬《そんけい》を説《と》き、御自身《ごじしん》の振《ふ》る舞《ま》いを通《とお》して、その実現《じつげん》の方途《ほうと》を教《おし》えてくださったのが大聖人です。どこまでも、この大聖人の御指導《ごしどう》を根本《こんぽん》としていけば、間違《まちが》いなく最高《さいこう》にして最強《さいきょう》の団結《だんけつ》を築《きず》くことができる、ということです。

身近《みぢか》な和楽《わらく》が世界平和《へいわ》の縮図《しゅくず》

この原理《げんり》は、創価学会という和合僧《わごうそう》が世界広布を進《すす》める今も同《おな》じです。

もちろん、組織《そしき》は人間の世界ですから、時《とき》には感情《かんじょう》や意見《いけん》がぶつかり合うこともあるかもしれない。それぞれの相性《あいしょう》もあるでしょう。

だからこそ常《つね》に、広宣流布という最極《さいごく》の大目的《だいもくてき》に向《む》かって、大《おお》きな心、聡明《そうめい》な心で互《たが》いを守《まも》り、支《ささ》え合っていくことが大事《だいじ》なのです。互いの足《た》りない点《てん》や短所《たんしょ》をも補《おぎな》い、それぞれの持《も》ち味《あじ》を生《い》かして助《たす》け合っていくことです。そのために、どこまでも師弟共戦《していきょうせん》の魂《たましい》を燃《も》やして進《すす》んでいくのです。

そこに、真実《しんじつ》の団結《だんけつ》が生《う》まれます。晴《は》ればれとした希望《きぼう》と勝利《しょうり》の連帯《れんたい》が築《きず》かれるのです。

冒頭《ぼうとう》に示《しめ》した、久遠《くおん》の地涌《じゆ》の絆《きずな》の世界を今に現出《げんしゅつ》していくのが、広宣流布です。そして、私たちが人間革命しながら、地域《ちいき》に築《きず》いていく励《はげ》ましのスクラムこそが、世界平和《へいわ》の縮図《しゅくず》にほかならないのです。

この麗《うるわ》しい和合《わごう》の世界を破壊《はかい》しようとするのが、元品《がんぽん》の無明《むみょう》〈注11〉から生《しょう》ずる魔性《ましょう》の働《はたら》きです。魔《ま》は連帯《れんたい》を阻《はば》みます。もし、一人《ひとり》一人がバラバラになり、団結《だんけつ》できないようなことがあれば、本抄《ほんしょう》で仰《おお》せのような「鷸蚌《いつぼう》の争《あらそ》い」「漁夫《ぎょふ》の利《り》」〈注12〉となってしまう。魔を利するだけです。

魔性《ましょう》を破《やぶ》る唯一《ゆいいつ》の方途《ほうと》こそ、異体同心《いたいどうしん》の信心です。「異体同心《いたいどうしん》なれば万事《ばんじ》を成《じょう》じ」（新2054ページ・全1463ページ）なのです。妙法の団結《だんけつ》の利剣《りけん》があれば、魔《ま》軍《ぐん》は必《かなら》ず粉砕《ふんさい》できるのです。

「当起遠迎《とうきおんごう》、当如敬仏《とうにょきょうぶつ》」の人間の絆《きずな》

そもそも、末法《まっぽう》とは、五濁《ごじょく》〈注13〉といって、衆生《しゅじょう》の中に不平《ふへい》や不満《ふまん》、愚痴《ぐち》や文句《もんく》が充満《じゅうまん》し、争《あらそ》いや分断《ぶんだん》が絶《た》えない時代《じだい》といわざるを得《え》ない。この悪世《あくせ》の衆生《しゅじょう》の生命《せいめい》を変《か》えていくのが、末法広宣流布の崇高《すうこう》なる実践《じっせん》ともいえます。それが「如蓮華在水《にょれんげざいすい》」〈注14〉に生《い》き抜《ぬ》く地涌《じゆ》の誓願《せいがん》と使命《しめい》です。

仏《ほとけ》の眼《まなこ》から見れば、本来《ほんらい》、誰人《たれびと》の胸中《きょうちゅう》にも仏性《ぶっしょう》が具《そな》わっています。一切衆生《いっさいしゅじょう》の成仏《じょうぶつ》と平等《びょうどう》こそ仏法の真髄《しんずい》です。皆《みな》が仏です。皆が仏だからこそ、互《たが》いに尊敬《そんけい》し合えるのです。

「当起遠迎《とうきおんごう》、当如敬仏《とうにょきょうぶつ》」（法華経677ジペー）です。また「鏡《かがみ》に向《む》かって礼拝《らいはい》をなす時《とき》、浮《う》かべる影《かげ》また我《われ》を礼拝《らいはい》するなり」（新1071ジペー・全769ジペー）です。

相手《あいて》の仏性《ぶっしょう》を信《しん》ずるからこそ、私たちは人々を徹底《てってい》して励《はげ》まし、また納得《なっとく》と共感《きょうかん》の対話《たいわ》を繰《く》り広《ひろ》げていくのです。

まず語り合うことです。人のために何《なに》ができるかと、祈《いの》ることです。心を通《かよ》い合わせれば、互《たが》いに信頼《しんらい》と協調《きょうちょう》が生《う》まれます。そして、何があっても「自《じ》他《た》・彼此《ひし》の心《こころ》なく」（新1775ジペー・全1337ジペー）、共戦《きょうせん》の道《みち》を歩《あゆ》んでいくのです。この学会のような広宣流布の組織《そしき》は、他《ほか》にはありません。

自他共《じたとも》の境涯《きょうがい》の変革《へんかく》を実現《じつげん》

私たちは、異体同心《いたいどうしん》の信心に徹《てっ》するなかで、自他共《じたとも》の境涯《きょうがい》の変革《へんかく》を実現《じつげん》できるのです。

牧口先生は言われました。

「信心をしているといつのまにか自分《じぶん》では考《かんが》えられない境涯《きょうがい》にあるのだ。まさしく、御書に『蒼蠅《そうよう》、驥尾《きび》に附《ふ》して万里《ばんり》を渡《わた》り、碧蘿《へきら》、松頭《しょうとう》に懸《か》かって千尋《せんじん》を延《の》ぶ』（新36ジペー・全26ジペー）とある通《とお》りだ」

同志に励ましをおくる池田先生（2009年10月 東京）

戸田先生は「自己自身《じこじしん》の生命《せいめい》が、もっとも強《つよ》く、もっとも輝《かがや》かしく、もっとも幸福《こうふく》であるためには、十界互具《じっかいごぐ》、一念三千《いちねんさんぜん》の仏法に生《い》きる以外《いがい》にはない」と強調《きょうちょう》されました。

人と人を結《むす》ぶ智慧《ちえ》と慈悲《じひ》を

ここに、信心を根本《こんぽん》とした私どもの人間革命の運動《うんどう》の精髄《せいずい》があります。わが地涌《じゆ》の使命《しめい》に生《い》き抜《ぬ》いていけば、胸中《きょうちゅう》の仏《ほとけ》の生命《せいめい》を顕現《けんげん》して、人の心と心とを結《むす》びつける智慧《ちえ》と慈《じ》悲《ひ》が湧《わ》き上《あ》がります。

今、世界が困難《こんなん》と戦《たたか》う時《とき》だからこそ、人類《じんるい》の宿命転換《しゅくめいてんかん》へ、調和《ちょうわ》と平和《へいわ》を築《きず》く立正安国《りっしょうあんこく》の旗《はた》を高《たか》らかに掲《かか》げ、勇気《ゆうき》みなぎる共戦《きょうせん》を貫《つらぬ》いていこうではありませんか！

［注　解］

〈注1〉【法華経の行者《ぎょうじゃ》】法華経をその教説《きょうせつ》の通《とお》りに実践《じっせん》する人。

〈注2〉【立正安国《りっしょうあんこく》】「正《しょう》を立て、国《くに》を安《やす》んず」と読《よ》む。一人《ひとり》一人の心のなかに正法《しょうほう》を確立《かくりつ》し、社《しゃ》会《かい》、国家《こっか》の繁栄《はんえい》と世界の平和《へいわ》を築《きず》いていくこと。

〈注3〉【地涌《じゆ》の菩薩《ぼさつ》】法華経従地涌出品第《じゅうじゆじゅっぽんだい》15で、釈尊《しゃくそん》が滅後《めつご》における妙法弘通《ぐつう》を託《たく》すべき人々として呼《よ》び出《い》だした菩薩たち。大地《だいち》から涌出したので地涌の菩薩という。如来神力品第《にょらいじんりきほんだい》21で滅後悪世《あくせ》における弘通が、釈尊から地涌の菩薩の上首《じょうしゅ》（リーダー）・上行《じょうぎょう》菩薩に託《たく》された。創価学会第《だい》2代《だい》会長・戸田城聖《じょうせい》先生は、獄中《ごくちゅう》でご自身《じしん》が地涌の菩薩として、法華経の付嘱《ふぞく》が説《と》かれる虚空会《こくうえ》の儀式《ぎしき》に参加《さんか》していたことを覚知《かくち》された。

〈注4〉【霊鷲山《りょうじゅせん》】法華経の説法《せっぽう》が行《おこな》われたとされる山。永遠《えいえん》の浄土《じょうど》とされ、霊山《りょうぜん》浄土ともいわれる。

〈注5〉【娑婆《しゃば》世界】娑婆とはサンスクリット（古代インドの文語《ぶんご》）の「サハー」の音写《おんしゃ》で、「堪《かん》忍《にん》」等《とう》と意訳《いやく》される。迷《まよ》いと苦難《くなん》に満《み》ちていて、それを堪《た》え忍《しの》ばなければならない世界。すなわち、我々《われわれ》が住《す》むこの現実《げんじつ》世界のこと。

〈注6〉【閻浮提中御書《えんぶだいちゅうごしょ》】前《まえ》の部分《ぶぶん》が欠《か》けている御書であり、御執筆《ごしっぴつ》の月日や与《あた》えられた門下《もんか》など、詳《くわ》しいことは不明《ふめい》。「身命《しんみょう》をす《捨》てて強敵《ごうてき》の科《とが》を顕《あらわ》す師《し》には値《あ》いが《難》たかるべし」の一節《いっせつ》は、近年《きんねん》の御真筆《ごしんぴつ》の研究《けんきゅう》から「顕《あらわ》す師《し》には」と拝読《はいどく》している（御書全集の二六一刷以降、変更している）。

〈注7〉【野干《やかん》】キツネの類《たぐ》い。サンスクリットではジャッカルのこと。中国ではキツネに似《に》た悪《あく》獣《じゅう》とされた。

〈注8〉【三障四魔《さんしょうしま》】仏道修行《ぶつどうしゅぎょう》を妨《さまた》げる三つの障《さわ》りと四つの魔のこと。三障とは煩悩障《ぼんのうしょう》・業障《ごうしょう》・報《ほう》障《しょう》をいい、四魔とは陰魔《おんま》・煩悩魔《ぼんのうま》・死魔《しま》・天子魔《てんしま》をいう。

〈注9〉【三類の強敵《さんるいのごうてき》】釈尊滅後《しゃくそんめつご》の悪世《あくせ》で法華経を弘通《ぐつう》する人を迫害《はくがい》する三種類《しゅるい》の強敵。①俗衆増《ぞくしゅぞう》上慢《じょうまん》（在家《ざいけ》の迫害者《はくがいしゃ》）②道門《どうもん》増上慢（出家《しゅっけ》の迫害者）③僭聖《せんしょう》増上慢（迫害の元凶《げんきょう》となる高《こう》僧《そう》）をいう。

〈注10〉【池上兄弟《いけがみきょうだい》】日蓮大聖人御在世当時《ございせとうじ》の門下《もんか》。兄《あに》・右衛門大夫志《えもんのたいふのさかん》は宗仲《むねなか》といい、弟《おとうと》・兵衛志《ひょうえのさかん》は宗長《むねなが》と伝《つた》えられている。父《ちち》は康光《やすみつ》と伝承《でんしょう》されている。極楽寺良観《ごくらくじりょうかん》の信奉者《しんぽうしゃ》であった父から兄への二度《にど》の勘当《かんどう》を乗《の》り越《こ》える。御文《ごもん》は「兵衛志殿御返事《ごへんじ》（兄弟同心《どうしん》の事《こと》）」から。弘安《こうあん》3年（1280年）の著作《ちょさく》。

〈注11〉【元品の無明《がんぽんのむみょう》】生命《せいめい》の根源的《こんげんてき》な無知《むち》。究極《きゅうきょく》の真実《しんじつ》を明《あ》かした妙法を信《しん》じられず理解《りかい》できない癡《おろ》かさ。また、その無知から起《お》こる暗《くら》い衝動《しょうどう》。

〈注12〉【鷸蚌《いっぽう》の争《あらそ》い　漁夫《ぎょふ》の利《り》】「鷸蚌《いっぽう》」は「いっぽう」とも読《よ》む。鷸《しぎ》（カワセミ、シギなど）と蚌《ぼう》（カラス貝《がい》、ハマグリなど）が争《あらそ》っているうちに、漁夫に両方《りょうほう》ともつかまってしまったということから、争うことで共倒《ともだお》れになり、第三者《だいさんしゃ》を利することをいう。

〈注13〉【五濁《ごじょく》】「五濁」は悪世《あくせ》の濁《にご》りの様相《ようそう》、生命《せいめい》の濁りの姿《すがた》を五種《しゅ》に分類《ぶんるい》したもの。法華経方便品第《ほうべんぼんだい》2にある（法華経124ジペー）。劫濁《こうじょく》（時代《じだい》の濁り）、煩悩濁《ぼんのうじょく》（煩悩《ぼんのう》による濁り）、衆生濁《しゅじょうじょく》（人々の濁り）、見濁《けんじょく》（思想《しそう》の濁り）、命濁《みょうじょく》（短命《たんめい》など寿命《じゅみょう》に関《かん》する濁り）をいう。

〈注14〉【如蓮華在水《にょれんげざいすい》】法華経従地涌出品第《じゅうじゆじゅっぽんだい》15の文《もん》。「蓮華の水《みず》に在《あ》るが如《ごと》し」（法華経471ジペー）と読《よ》み下《くだ》す。地涌《じゆ》の菩薩《ぼさつ》が、煩悩《ぼんのう》・業《ごう》・苦《く》の渦巻《うずま》く世間《せけん》のなかにあっても、それに染《そ》まらないさまを、蓮華が泥水《どろみず》のなかに清浄《せいじょう》な花《はな》を咲《さ》かせることに譬《たと》えている。

祈《いの》りからすべては始《はじ》まる

妙法の祈《いの》りは、断《だん》じて勝《か》つという誓願《せいがん》です。

一切《いっさい》は、祈《いの》りから始《はじ》まります。

私自身、広宣流布のあらゆる大闘争《だいとうそう》を、常《つね》に祈《いの》りから開始《かいし》しました。困難《こんなん》に直面《ちょくめん》した時《とき》も唱題を根本《こんぽん》に立ち向かい、徹底《てってい》して祈り抜《ぬ》くなかで一つ一つを勝《か》ち抜いてきたのです。

１９５２年（昭和27年）の２月を迎《むか》える直前《ちょくぜん》、私が、蒲田《かまた》支部の共戦《きょうせん》の友《とも》に真《ま》っ先《さき》に訴《うった》えたのも「祈《いの》りから始《はじ》めよう」でした。

また、1956年（昭和31年）の「大阪の戦《たたか》い」も、年頭《ねんとう》、関西本部に安置《あんち》された「大法興隆所願成就《だいほうこうりゅうしょがんじょうじゅ》」の御本尊への誓願《せいがん》の祈《いの》りから出発《しゅっぱつ》しました。

「湿《しめ》れる木《き》より火《ひ》を出《い》だし」

「女性部　実践《じっせん》の五指針《ししん》」の冒頭《ぼうとう》でも、「祈《いの》りからすべては始《はじ》まる」を掲《かか》げています。家事《かじ》や仕事《しごと》、子育《こそだ》て、介護《かいご》など、多忙《たぼう》を極《きわ》めながらも、時間《じかん》をこじあけ、勤行・唱題に励《はげ》み、自他共《じたとも》の幸福《こうふく》を懸命《けんめい》に祈り、友《とも》に励ましを送《おく》る。なんと高貴《こうき》な姿《すがた》でありましょうか。

「祈《いの》り」は崇高《すうこう》な人間性の証《あかし》です。

創価の地涌《じゆ》の同志《どうし》が切《き》り開《ひら》いた、人間讃歌《さんか》の歩《あゆ》み――。それは、いかなる時《とき》も、「湿《しめ》れる木《き》より火《ひ》を出《い》だし、乾《かわ》ける土《つち》より水《みず》を儲《もう》けんがごとく、強盛《ごうじょう》に申《もう》すなり」（新1539㌻・全1132㌻）との御聖訓《ごせいくん》を拝《はい》し、日蓮大聖人に直結《ちょっけつ》する強盛な祈《いの》りを原動力《げんどうりょく》に前進《ぜんしん》してきた歴史《れきし》です。

創立《そうりつ》100周年《しゅうねん》へ、今再《ふたた》び、広布開拓《かいたく》の祈《いの》りで、人間革命と師弟共戦《していきょうせん》の勝利《しょうり》の大《だい》叙事詩《じょじし》を、勇敢《ゆうかん》につづっていきたいと思います。

ここでは、①法華経の行者《ぎょうじゃ》の祈《いの》り②変毒為薬《へんどくいやく》の祈り③師弟誓願《していせいがん》の祈り④立《りっ》正安国《しょうあんこく》の祈り、の四つを柱《はしら》に、広布と人生《じんせい》の勝利《しょうり》の要諦《ようてい》を学《まな》んでいきましょう。

女性部
実践《じっせん》の五指針

「絶対勝利《ぜったいしょうり》の女性部」

一、祈《いの》りからすべては始《はじ》まる
一、わが家は和楽《わらく》の前進《ぜんしん》
一、後継《こうけい》の人材を伸《の》ばす
一、地域《ちいき》と社会を大切に
一、生き生きと体験《たいけん》を語る

祈禱抄《きとうしょう》

御文

（新587ページ・全1347ページ）

法華経《ほけきょう》の行者《ぎょうじゃ》の祈《いの》る祈《いの》りは、響《ひび》きの音《おと》に応《おう》ずるがごとし。影《かげ》の体《からだ》にそえる《添》がごとし。すめる《澄》水《みず》に月《つき》のうつる《映》がごとし。方諸《ほうしょ》の水《みず》をまねく《招》がごとし。磁石《じしゃく》の鉄《くろがね》をすう《吸》がごとし。琥珀《こはく》の塵《ちり》をとる《取》がごとし。あきらか《明》なる鏡《かがみ》の物《もの》の色《いろ》をうかぶ《浮》るがごとし。

現代語訳

法華経の行者《ぎょうじゃ》の祈《いの》る祈りは、響《ひび》きが音《おと》に応《おう》ずるように、影《かげ》が体《からだ》に添《そ》うように、澄《す》んだ水《みず》に月が映《うつ》るように、方諸《ほうしょ》（水を得《え》る鏡《かがみ》）が水（露《つゆ》）

を招《まね》くように、磁石《じしゃく》が鉄《てつ》を吸《す》うように、琥珀《こはく》が塵《ちり》を取《と》るように、明《あき》らかな鏡が物《もの》の色形《いろかたち》を浮《う》かべるように、必《かなら》ず叶《かな》うのです。

法華経の行者《ぎょうじゃ》の祈《いの》りは必《かなら》ず叶《かな》う

第《だい》1の柱《はしら》は「法華経の行者《ぎょうじゃ》の祈《いの》り」です。

大聖人が佐渡《さど》で著《あらわ》された「祈禱抄《きとうしょう》」〈注1〉には、「法華経の行者《ぎょうじゃ》の祈《いの》りは必《かなら》ず叶《かな》う」との大確信《だいかくしん》が示《しめ》されています。

冒頭《ぼうとう》には、「ただし、法華経《ほけきょう》をもってい《祈》のらん祈《いの》りは必《かなら》ず祈《いの》りとなるべし」（新582ページ・全1344ページ）と仰《おお》せです。「法華経の祈り」こそが真実《しんじつ》の祈りであるとの御断言《ごだんげん》です。

大聖人は、「法華経以前《いぜん》の経典《きょうてん》の功徳《くどく》は蛍火《ほたるび》のようであり、法華経の題目の功徳《くどく》は日月《にちがつ》のようなものである」（新2162ページ・全1300ページ、趣意）とも仰《おお》せです。法華経の題目の功徳がいかに広大《こうだい》で無量《むりょう》であるか。

唱題とは、わが胸中《きょうちゅう》に日々《ひび》、久遠元初《くおんがんじょ》の太陽を赫々《かっかく》と昇《のぼ》らせ、現実《げんじつ》の生活《せいかつ》と人生《じんせい》を希望《きぼう》で照《て》らし晴《は》らす、究極《きゅうきょく》の価値創造《かちそうぞう》の源泉《げんせん》にほかなりません。

全宇宙《ぜんうちゅう》に届《とど》く題目の音声《おんじょう》

「祈禱抄《きとうしょう》」の御文《ごもん》で引《ひ》かれている「音《おと》が鳴《な》れば響《ひび》きが広《ひろ》がり、体《からだ》には影《かげ》が従《したが》い、月は澄《す》んだ水《みず》に姿《すがた》を映《うつ》す」等の譬《たと》えは、森羅万象《しんらばんしょう》の道理《どうり》であり、疑《うたが》うことなき事実《じじつ》です。つまり、「法華経の行者《ぎょうじゃ》の祈《いの》り」のあるところ、必《かなら》ず結果《けっか》が伴《ともな》うことを教《おし》えられています。

まさに「大地《だいち》はさ《差》さばはず《外》るるとも、虚空《おおぞら》をつな《繫》ぐ者《もの》はありとも、潮《しお》のみち《満》ひ《干》ぬことはありとも、日《ひ》は西《にし》より出《い》ずるとも、法華経《ほけきょう》の行者《ぎょうじゃ》の祈《いの》りのかな《叶》わぬことはあるべからず」（新592ページ・全1351ページ）です。

また、「題目《だいもく》を唱《とな》え奉《たてまつ》る音《こえ》は、十方《じっぽう》世界にとず《届》かずという処《ところ》なし。我《われ》らが小《しょう》音《おん》なれども、題目《だいもく》の大音《だいおん》に入《い》れて唱《とな》え奉《たてまつ》るあいだ、一大三千界《いちだいさんぜんかい》にいたらざる処《ところ》なし」（新1121ページ・全808ページ）とも仰《おお》せです。

題目には、全宇宙《ぜんうちゅう》に届《とど》かぬところはない、という偉大《いだい》な力用《りきゆう》があると仰《おお》せです。

大事《だいじ》なのは、力強《ちからづよ》い確信《かくしん》の祈《いの》り、必《かなら》ずこうするという決意《けつい》の祈りです。真剣《しんけん》な題目であってこそ、「一大三千界《いちだいさんぜんかい》にいたらざる処《ところ》なし」となっていくのです。

深《ふか》き祈《いの》りによって、「一念《いちねん》」を変革《へんかく》していくのです。目に見えない一念の革《かく》命《めい》が、現実《げんじつ》に自身《じしん》を変《か》え、環境《かんきょう》をも変《か》えていきます。

これが、大聖人が具現化《ぐげんか》してくださった「事《じ》の一念三千《いちねんさんぜん》」の法門《ほうもん》であり、生《せい》命《めい》の絶対《ぜったい》の法則《ほうそく》です。だからこそ、祈《いの》りから全《すべ》ては始《はじ》まるのです。

元品《がんぽん》の無明《むみょう》との連続闘争《れんぞくとうそう》

御本尊に祈《いの》ることによって、諸天善神《しょてんぜんじん》〈注2〉が動《うご》きだします。仏《ほとけ》の眼《まなこ》で見れば、因果《いんが》の理法《りほう》に則《のっと》り、祈った瞬間《しゅんかん》に叶《かな》う勝因《しょういん》が刻《きざ》まれています。ところが、私たち凡夫《ぼんぷ》の目では、それを実感《じっかん》できない。そこに、〝叶《かな》わないのではないか〟と不安《ふあん》や恐《おそ》れにとらわれた迷《まよ》いが生《しょう》じてしまうのです。

祈《いの》りとは、この「元品《がんぽん》の無明《むみょう》」という根源的《こんげんてき》な迷《まよ》いとの連続闘争《れんぞくとうそう》です。目には見えなくとも、厳《げん》たる生命《せいめい》の法理《ほうり》を確信《かくしん》しきっていくのが信心です。「法華《ほけ》経《きょう》の兵法《へいほう》」で祈り抜《ぬ》き、元品の無明を打《う》ち破《やぶ》っていくのです。

祈《いの》りを忘《わす》れ、いたずらに方法論《ほうほうろん》ばかりに走《はし》ってしまえば、せっかくの行動《こうどう》も空転《くうてん》に終《お》わりかねない。「法華経の行者《ぎょうじゃ》の祈り」を貫《つらぬ》いてこそ、最高《さいこう》の勝利《しょうり》が約束《やくそく》されるのです。

言うまでもなく、漠然《ばくぜん》と祈《いの》っているだけで、願《ねが》いが叶《かな》うのではありません。信心しているからこそ、真剣《しんけん》に祈って智慧《ちえ》を出《だ》し、誰《だれ》よりも勇敢《ゆうかん》に、忍耐強《にんたいづよ》く挑戦《ちょうせん》し抜《ぬ》いていくのです。どこまでも、仏法は、道理《どうり》を重視《じゅうし》する宗教《しゅうきょう》だからです。

「信者《しんじゃ》」でなく「行者《ぎょうじゃ》」の生《い》き方《かた》を

「法華経《ほけきょう》の行者《ぎょうじゃ》の祈《いの》る祈《いの》り」と仰《おお》せの「法華経の行者」とは、直接的《ちょくせつてき》には日蓮大聖人御自身《ごじしん》のことです。その上で、「貴辺《きへん》、法華経の行者となり」（新1522ページ・全1117ページ）とも仰せのように、広宣流布の大願《だいがん》に生《い》き抜《ぬ》く真《しん》の弟子《でし》もまた法華経の行者にほかなりません。

先師・牧口常三郎《つねさぶろう》先生は、いわゆる行動《こうどう》に欠《か》ける「信者《しんじゃ》」でなく、〝「行者《ぎょうじゃ》」であれ〟と教《おし》えられました。

「行者《ぎょうじゃ》」とは、「如説修行《にょせつしゅぎょう》」〈注3〉の人です。何《なに》があろうと勇敢《ゆうかん》に信心を貫《つらぬ》いて行動《こうどう》し、戦《たたか》う人です。それは、来《く》る日も来る日も、友《とも》の幸福《こうふく》のため、地域《ちいき》の発展《はってん》のため、世界の平和《へいわ》と安穏《あんのん》のため、真心《まごころ》の題目を送《おく》り、動《うご》き、語り、貢《こう》献《けん》する創価の同志《どうし》でありましょう。まさしく学会員こそ、仏《ほとけ》の使《つか》いなのです。

「法華経の行者《ぎょうじゃ》の祈《いの》り」だからこそ諸天善神《しょてんぜんじん》が守護《しゅご》し、祈りが叶《かな》うのです。

諸天善神自身《じしん》も法華経に大恩《だいおん》があるからです。

拝読御文《はいどくごもん》の直前《ちょくぜん》に「いかでか、仏前《ぶつぜん》の御誓《おんちか》いならびに自身成仏《じしんじょうぶつ》の御経《おんきょう》の恩《おん》をばわす《忘》れて、法華経《ほけきょう》の行者《ぎょうじゃ》をば捨《す》てさせ給《たも》うべきなんど思《おも》いつら《連》ぬれば、たの《頼》もしきことなり」（新587㌻・全1347㌻）と仰《おお》せです。一切《いっさい》の諸仏《しょぶつ》や菩薩《ぼさつ》たちは、法華経によって成仏《じょうぶつ》しました。したがって、諸天善神《しょてんぜんじん》は、その恩《おん》を報《ほう》じるために、法華経の行者を守護《しゅご》することを釈尊《しゃくそん》の前《まえ》で誓《ちか》ったのです。大聖人は、もし、守護を忘《わす》れるようなことがあれば、それは、「釈迦《しゃか》・諸仏《しょぶつ》をあなず《侮》り」「九界《きゅうかい》をたぼらかす《誑》失《とが》」になる、とまで仰せです（新593㌻・全1352㌻）。

広布に邁進《まいしん》する私たちに、諸天《しょてん》の守護《しゅご》は間違《まちが》いないと示《しめ》されているのです。「疑《うたが》う心《こころ》なくば、自然《じねん》に仏界《ぶっかい》にいたるべし」（新117㌻・全234㌻）です。この「法華経の行者《ぎょうじゃ》の祈《いの》り」があれば、確《たし》かな幸福《こうふく》への軌道《きどう》を歩《あゆ》んでいける。どこまでも朗《ほが》らかに、心晴《は》れ晴《ば》れと、宿命《しゅくめい》に立ち向かっていけるのです。

「変毒為薬《へんどくいやく》」は妙法の極理《ごくり》

続《つづ》いて第《だい》2の柱《はしら》が「変毒為薬《へんどくいやく》〈注4〉の祈《いの》り」です。

恩師《おんし》・戸田城聖《じょうせい》先生は、「毒《どく》を変《へん》じて薬《くすり》となす、これが妙法蓮華経の極理《ごくり》である」と、よく語られていました。

そして苦悩《くのう》する同志《どうし》に「悩《なや》みや、苦《くる》しみが幸《しあわ》せに変《か》わらないわけがない。それが御本尊の功徳《くどく》なのです」と、全精魂《ぜんせいこん》を傾《かたむ》け励《はげ》まされました。多《おお》くの人たちが先生の激励《げきれい》で立ち上がり、蘇生《そせい》と希望《きぼう》の人生《じんせい》を歩《あゆ》んでいったのです。本当《ほんとう》に慈悲深《じひぶか》き先生でした。

一切《いっさい》を変毒為薬《へんどくいやく》できる妙法です。〝どうしてこんなことに〟と、嘆《なげ》く時《とき》もあるでしょう。しかし、信心に励《はげ》むなかで起《お》こったことは、深《ふか》い意味《いみ》がある。より良《よ》い方向《ほうこう》に転《てん》じていけるのです。祈《いの》りは必《かなら》ず叶《かな》うからです。

「わざわい《禍》も転《てん》じて幸《さいわ》いとなるべし」（新1633ページ・全1124ページ）の御本尊です。「南無妙法蓮華経は師子吼《ししく》のごとし」（同）です。一切《いっさい》の障魔《しょうま》を打《う》ち破《やぶ》る題目です。

時《とき》には、望《のぞ》んだことと違《ちが》う結果《けっか》に思えることもあるかもしれない。しかし、後《あと》から振《ふ》り返《かえ》ると、〝全部《ぜんぶ》、間違《まちが》いなかったのだ〟と分《わ》かる時《とき》が必《かなら》ず来《く》るのです。

御本尊に祈《いの》れること自体《じたい》が福運《ふくうん》

一切衆生《いっさいしゅじょう》を幸福《こうふく》にしゆく万人成仏《ばんにんじょうぶつ》の秘法《ひほう》である南無妙法蓮華経の題目に巡《めぐ》り合えたこと、それ自体《じたい》が大福運《だいふくうん》です。

「人間に生《う》まれることも稀《まれ》なことであり、さらに仏法、なかんずく、法華経の題目に巡《めぐ》り合い、題目の行者《ぎょうじゃ》になられたことは、まさに過去《かこ》に十万億《じゅうまんおく》の仏《ほとけ》を供養《くよう》した者であろう」（新1268ページ・全902ページ、趣意）と、御聖訓《ごせいくん》に仰《おお》せの通《とお》りです。

本来《ほんらい》、御本尊に祈《いの》れる以上《いじょう》の福運《ふくうん》も喜《よろこ》びもないのです。

御本尊は、私たちの思いを何《なん》でも受《う》け止《と》めてくださる。全《すべ》てを大慈悲《だいじひ》で包《つつ》んでくださるのです。ですから、「苦楽《くらく》ともに思《おも》い合《あ》わせて」（新1554ページ・全1143ページ）――率直《そっちょく》に、自分《じぶん》の思いのままに祈《いの》っていけばいいのです。苦《くる》しい時《とき》、悲《かな》しい時も、その心の叫《さけ》びを、そのまま祈りに込《こ》める。「親《おや》の子《こ》をすて《捨》ざるがごとく、子《こ》の母《はは》にはなれ《離》ざるがごとく」（新1697ページ・全1255ページ）に、祈りに祈っていくのです。

悩《なや》みが祈《いの》りに変《か》われば、その意味《いみ》も変《か》わります。決意《けつい》と確信《かくしん》の祈りに変われば、境涯《きょうがい》が開《ひら》けます。苦悩《くのう》さえも人間革命のための試練《しれん》となり、宿命《しゅくめい》さえも広宣流布のための使命《しめい》となる。その時《とき》、苦難《くなん》はむしろ飛躍《ひやく》への糧《かて》となるのです。まさに「毒《どく》を変《へん》じて薬《くすり》となす」です。「地獄《じごく》の苦《くる》しみぱっときえ《消》て」（新1356ページ・全1000ページ）です。

大事《だいじ》なことは、「火《ひ》をきる《切》に、やすみ《休》ぬれば火《ひ》をえ《得》ず」（新1522ページ・全1118ページ）と仰《おお》せの通《とお》り、確信《かくしん》の祈《いの》りを最後《さいご》まで貫《つらぬ》き通《とお》すことです。

一遍《いっぺん》の題目にも無量《むりょう》の功徳《くどく》

一遍《いっぺん》の題目にも、無量《むりょう》の功徳《くどく》があります。

「一遍《いっぺん》この首題《しゅだい》を唱《とな》え奉《たてまつ》れば、一切衆生《いっさいしゅじょう》の仏性《ぶっしょう》が皆《みな》よ《呼》ばれてここに集《あつ》まる時《とき》、我《わ》が身《み》の法性《ほっしょう》の法報応《ほっぽうおう》の三身《さんじん》〈注5〉ともにひ《引》かれて顕《あらわ》れ出《い》ずる、これを成仏《じょうぶつ》とは申《もう》すなり」（新578㌻・全498㌻）と、御本仏《ごほんぶつ》は、一遍の題目でも成仏すると約束《やくそく》されているのです。

体《からだ》の調子《ちょうし》が悪《わる》い時《とき》などは、無理《むり》して勤行をせず、題目三唱《さんしょう》であってもよい。また、未入会《みにゅうかい》の家族《かぞく》や、闘病中《とうびょうちゅう》などで唱《とな》えられない人のためにも、題目を送《おく》ることです。〝唱題しよう〟〝題目を送ろう〟という一念《いちねん》に功徳《くどく》があるからです。

たとえ題目の深《ふか》い意味《いみ》が分《わ》からなくても、福徳《ふくとく》は積《つ》まれていきます。「小《しょう》児《に》、乳《ちち》を含《ふく》むに、その味《あじ》を知《し》らざれども自然《じねん》に身《み》を益《やく》す」（新269㌻・全341㌻）という譬喩《ひゆ》の通《とお》りです。

真剣《しんけん》な題目が御本尊に通《つう》じるのです。

白馬《はくば》が颯爽《さっそう》と駆《か》けるように軽快《けいかい》にすがすがしい唱題を心がけ、あくまでも自《じ》分《ぶん》が〝すっきりした〟〝満足《まんぞく》した〟と思えるように祈《いの》ることです。

私たちの唱《とな》える題目は、法華経の心であり、大聖人の魂《たましい》そのものです。「日《にち》蓮《れん》がたましいは南無妙法蓮華経にすぎ《過》たるはなし」（新1633ページ・全1124ページ）です。御本尊を信《しん》じて題目を唱える時《とき》、大聖人の魂に触《ふ》れることができます。わが身《み》に、南無妙法蓮華経という、御本仏《ごほんぶつ》の大生命《だいせいめい》を涌現《ゆげん》させていくことができます。だから、限《かぎ》りない智慧《ちえ》と慈悲《じひ》と勇気《ゆうき》がみなぎるのです。一切《いっさい》を力《ちから》強《づよ》く乗《の》り越《こ》えて、変毒為薬《へんどくいやく》していくことができるのです。なんとありがたいことでしょうか。

四《し》条《じょう》金《きん》吾《ご》殿《どの》御《ご》返《へん》事《じ》（八風抄《はっぷうしょう》）

御文

（新1566ページ・全1151ページ）

だんな《檀那》と師《し》とおもい《思》あわ《合》ぬいのり《祈》は、水《みず》の上《うえ》に火《ひ》をたく《焚》がごとし。またまだんな《檀那》と師《し》とおもいあいて候《そうら》えども、大法《だいほう》を小《しょう》法《ぼう》をもっておかし《犯》てとし《年》ひさ《久》しき人々《ひとびと》の御《おん》いのりは、叶《かな》い候《そうら》わぬ上《うえ》、我《わ》が身《み》もだんな《檀那》もほろ《滅》び候《そうろう》なり。

現代語訳

弟子《でし》と師《し》との思《おも》いが合わない祈《いの》りは、水《みず》の上《うえ》で火《ひ》を焚《た》くようなものです。また、弟子と師の思いが合っていたとしても、長年《ながねん》にわたって、勝《すぐ》れた法《ほう》を劣《おと》った法をもって侵害《しんがい》した人々の祈りは叶《かな》わないうえ、わが身《み》も弟子も滅《ほろ》びてしまうのです。

仏法の真髄《しんずい》は師弟不二《していふに》の精神《せいしん》

第《だい》3の柱《はしら》は「師弟誓願《していせいがん》の祈《いの》り」です。

師匠《ししょう》と弟子《でし》が誓願《せいがん》を同《おな》じくして祈《いの》っていくことが、日蓮仏法の真髄《しんずい》です。「四条金吾殿御返事《しじょうきんごどののごへんじ》」〈注6〉は、「八風抄《はっぷうしょう》」の別名《べつめい》の通《とお》り、四条金吾に、仏道修行《ぶつどうしゅぎょう》を妨《さまた》げる働《はたら》き（八風《はっぷう》〈注7〉）に振《ふ》り回《まわ》されない、「賢人《けんじん》」の生《い》き方《かた》を教《おし》えられています。

苦境《くきょう》を打開《だかい》し、宿命《しゅくめい》を転換《てんかん》するにあたって、大聖人が強調《きょうちょう》されたのは、師弟《してい》の「思《おも》いを合わせる」ことでした。師匠《ししょう》と心を合わせる祈《いの》りこそ、無敵《むてき》だからです。

具体的《ぐたいてき》には〝師匠《ししょう》ならどうされるだろう〟〝今こそ弟子《でし》として立ち上がる時《とき》

だ〃と、求道《きゅうどう》の心で唱題することです。「御義口伝《おんぎくでん》」に「『師《し》』とは師匠授《ししょうさず》くるところの妙法、『子《し》』とは弟子《でし》受《う》くるところの妙法、『吼《く》』とは師弟共《していとも》に唱《とな》うるところの音声《おんじょう》なり」（新１０４３㌻・全７４８㌻）と仰《おお》せのように、師弟不二《ふに》の信心で唱える題目こそ、真《しん》の師子吼《ししく》です。その時《とき》、自分自身《じぶんじしん》に本来具《ほんらいそな》わる無量《むりょう》の智慧《ちえ》と力《ちから》が自在《じざい》に発揮《はっき》できるのです。

この大聖人の仰《おお》せ通《どお》りに、師弟誓願《していせいがん》の祈《いの》りを貫《つらぬ》き、死身弘法《ししんぐほう》〈注8〉で広宣流布の道《みち》を切《き》り開《ひら》かれたのが、牧口先生と戸田先生です。

わが生命《せいめい》を仏界《ぶっかい》で染《そ》め上《あ》げる

戸田先生は、「大聖人のご生命《せいめい》のこもった題目を日に日に身《み》に染《し》みこませ、心にきざみ、生命に染《そ》めて、一日の行業《ぎょうごう》をみな慈悲《じひ》のすがたに変《か》わるよう、信心を励《はげ》まなくてはならない」と言われていました。

何《なに》を願《ねが》い、何を祈《いの》り、何を誓《ちか》って生《い》きるのか。その奥底《おうてい》の一念《いちねん》が自分自身《じぶんじしん》を創《つく》り上《あ》げていきます。わが生命《せいめい》を、広宣流布という師弟《してい》の誓願《せいがん》で染《そ》め抜《ぬ》いていくことです。この師弟直結《ちょっけつ》の信心を教《おし》えているのが創価学会の精髄《せいずい》です。ここにこそ、地涌《じゆ》の菩薩《ぼさつ》の生命の目覚《めざ》めがあり、仏界《ぶっかい》の生命の顕現《けんげん》もあるのです。

私は、先生の不二《ふに》の弟子《でし》として、先生の指導通《しどうどお》りの不惜《ふしゃく》の信心で戦《たたか》ってきました。また、日本中、世界中の同志《どうし》が創価三代の師弟《してい》に連《つら》なり、共々《ともども》に「地涌《じゆ》の誓願《せいがん》」に生《い》き、前進《ぜんしん》してきました。だからこそ、これだけ妙法が弘《ひろ》まったのです。

どこまでも「不二《ふに》の大道《だいどう》」を

この「八風抄《はっぷうしょう》」の御文《ごもん》では、どんなに祈《いの》ったとしても、万人成仏《ばんにんじょうぶつ》の大法《だいほう》である「法華経の祈り」でなければ、師《し》も弟子《でし》も滅《ほろ》びてしまうと仰《おお》せです。今、私たちが法華経の祈りを貫《つらぬ》き、師弟勝利《していしょうり》の人生《じんせい》を歩《あゆ》んでいけることが、どれほど素晴《すば》らしいことであるか。

思えば「大阪の戦《たたか》い」で、私と共《とも》に戦ってくださった同志《どうし》の大半《たいはん》は、入会して間《ま》もない方々《かたがた》でした。その方たちと拝《はい》したのが「よき師《し》と、よき檀那《だんな》と、よき法《ほう》と、この三《み》つ寄《よ》り合って祈《いの》りを成就《じょうじゅ》し、国土《こくど》の大難《だいなん》をも払《はら》うべきものなり」（新695ページ・全550ページ）の一節《いっせつ》です。

「よき法《ほう》」「よき師《し》」が厳然《げんぜん》と存在《そんざい》する時《とき》、国土《こくど》の大難《だいなん》を払《はら》うカギは、私たち自身《じしん》が「よき弟子《でし》」であるかどうかにかかっています。

「日蓮《にちれん》に共《ぐう》する時《とき》は宝所《ほうしょ》に至《いた》るべし。不共《ふぐう》ならば阿鼻大城《あびだいじょう》に堕《お》つべし」（新1024ページ・全734ページ）と仰《おお》せです。「日蓮《にちれん》に共《ぐう》する」とは、絶《た》えず大聖人と共《とも》にいるという境涯《きょうがい》です。常《つね》に「師《し》と共に」との一念《いちねん》です。その人は仏《ほとけ》と等《ひと》しい境地《きょうち》に至《いた》ります。いつの時《とき》も広宣《こうせん》の大願《だいがん》に戦《たたか》い抜《ぬ》く人は、「朝々仏《ちょうちょうほとけ》とともに起《お》き、夕々仏《せきせきほとけ》とともに臥《ふ》す」（新1027ページ・全737ページ）となっていくのです。

「師弟《してい》の道《みち》」を、「師弟不二《ふに》の道」へ、より一重《いちじゅう》、深《ふか》めていくのが日蓮仏法の大《だい》道《どう》です。久遠以来《くおんいらい》の師弟の約束《やくそく》を果《は》たすのは、どこまでも弟子《でし》の使命《しめい》なのです。

立正安国《りっしょうあんこく》こそ師弟《してい》の願《ねが》い

第《だい》4の柱《はしら》が「立正安国《りっしょうあんこく》の祈《いの》り」です。

先《さき》ほど拝《はい》した御文《ごもん》にも、「国土《こくど》の大難《だいなん》をも払《はら》うべきものなり」とあります。断《だん》じて平和《へいわ》と安心《あんしん》の世界としていくことが、成《な》し遂《と》げねばならぬ私たちの使命《しめい》です。

私たちの祈《いの》りは、「立正安国《りっしょうあんこく》」、すなわち「立正安世界《りっしょうあん》」の実現《じつげん》に向《む》けた実践《じっせん》の祈りです。人類《じんるい》の宿命転換《しゅくめいてんかん》に挑《いど》む勇者《ゆうしゃ》の祈りです。これこそが師弟誓願《していせいがん》の祈りでもあります。

立正安国《りっしょうあんこく》の出発点《しゅっぱつてん》は、汝自身《なんじじしん》の生命《せいめい》の偉大《いだい》さに目覚《めざ》める祈《いの》りから始《はじ》まります。

「始《はじ》めて我《わ》が心本来《こころほんらい》の仏《ほとけ》なりと知《し》るを、即《すなわ》ち『大歓喜《だいかんぎ》』と名《な》づく。いわゆる、南無妙法蓮華経は歓喜《かんき》の中《なか》の大歓喜《だいかんき》なり」（新1097ページ・全788ページ）です。「我《わ》が心《こころ》」が「本来《ほんらい》の仏《ほとけ》なり」と自覚《じかく》することです。わが生命《せいめい》こそが、本来、最《もっと》も尊《とうと》く、最も強《つよ》く、最も賢《かしこ》い、究極《きゅうきょく》の実在《じつざい》であると目覚《めざ》めることです。そのための祈《いの》りです。

この法華経の祈《いの》りは、自他共《じたとも》の幸福《こうふく》を実現《じつげん》していきます。わが生命《せいめい》の尊厳《そんげん》に目覚《めざ》めるとともに、他者《たしゃ》の生命の目覚めを祈るのです。

「立正安国論《りっしょうあんこくろん》」には「汝《なんじ》、すべからく一身《いっしん》の安堵《あんど》を思《おも》わば、まず四表《しひょう》の静謐《せいひつ》を禱《いの》るべきものか」（新44ページ・全31ページ）と示《しめ》されています。他者《たしゃ》の幸福《こうふく》を祈《いの》り、社会《しゃかい》の安穏《あんのん》に尽《つ》くす人間へと高《たか》め合っていくのです。

生命《せいめい》の歓喜《かんき》の目覚《めざ》めを連動《れんどう》させ、生命尊厳《そんげん》の連帯《れんたい》を広《ひろ》げゆくことが、どれほど素晴《すば》らしいか。

世界的な音楽家《おんがくか》のメニューイン氏《し》〈注9〉は、題目の音律《おんりつ》に強《つよ》い関心《かんしん》を示《しめ》されていました。とともに私に、「仏教《ぶっきょう》では、生身《なまみ》の人間が聖《せい》なる人（仏《ほとけ》）になれると説《と》いていますね。それほど、人間を信《しん》じているんですね」と感動《かんどう》をこめて語られたことがよみがえります。

人間の可能性《かのうせい》を信《しん》じ抜《ぬ》くのが、立正安国《りっしょうあんこく》へ戦《たたか》う私たちの誇《ほこ》りです。すなわち、一人《ひとり》の人間の生命《せいめい》の変革《へんかく》は、より良《よ》き社会《しゃかい》への変革をもたらしていくのです。大切《たいせつ》なのは、一人の人間の生命は必《かなら》ず変革できるという信念《しんねん》です。

戸田先生は、「いかなる大難《だいなん》があろうとも、私は広宣流布の大願を絶対《ぜったい》に捨《す》てません」との覚悟《かくご》を示《しめ》されていました。

これが創価の師弟《してい》の魂《たましい》です。先生は、この崇高《すうこう》なる覚悟《かくご》で戦《たたか》い、未来の壮大《そうだい》な広布への基盤《きばん》を築《きず》いてくださったのです。

立正安国《りっしょうあんこく》とは、悲嘆《ひたん》にくれる民衆《みんしゅう》の生命《せいめい》に、希望《きぼう》の太陽を昇《のぼ》らせゆく挑戦《ちょうせん》です。自身《じしん》の生命に太陽を昇らせれば、他者《たしゃ》の生命にも太陽を昇らせることができる。いかなる時代《じだい》、いかなる所《ところ》にあっても、それは、誓願《せいがん》の祈《いの》り、誓願の行動《こうどう》によって、希望《きぼう》から希望へ、歓喜《かんき》から歓喜へ、限《かぎ》りなく連鎖《れんさ》していくのです。

人類《じんるい》の宿命《しゅくめい》を転換《てんかん》する「創価の祈《いの》り」

「日月天《にちがってん》の四天下《してんげ》をめぐり給《たも》うは、仏法《ぶっぽう》の力《ちから》なり」（新1557ジペー・全1146ジペー）とも説《と》かれます。生命《せいめい》と宇宙《うちゅう》を貫《つらぬ》く根本法《こんぽんほう》が南無妙法蓮華経です。ゆえに南無妙法蓮華経と唱《とな》えゆく時《とき》、わが生命が宇宙の根本法と合致《がっち》して、幸福《こうふく》への価値創造《かちそうぞう》をしていくことができる。希望《きぼう》を紡《つむ》ぎ出《だ》し、安穏《あんのん》な世界の創出《そうしゅつ》へ、大《おお》いなる貢献《こうけん》をしていけるのです。それが「創価の祈《いの》り」です。

地涌《じゆ》の生命《せいめい》を結《むす》ぶ連帯《れんたい》を

妙法の音律《おんりつ》は、漆黒《しっこく》の闇《やみ》を打《う》ち破《やぶ》り、黄金《おうごん》の太陽が昇《のぼ》る如《ごと》く、生命《せいめい》が輝《かがや》きを増《ま》し、躍動《やくどう》する音律です。宇宙大《うちゅうだい》の生命力《せいめいりょく》が漲《みなぎ》ってきます。

さあ、かけがえのない一日また一日、私たちは無限《むげん》の希望《きぼう》の大音声《だいおんじょう》である題目を朗々《ろうろう》と響《ひび》かせながら、地涌《じゆ》の生命《せいめい》に目覚《めざ》めた民衆《みんしゅう》と民衆の連帯《れんたい》を、勇躍広《ゆうやくひろ》げゆこうではありませんか。
「立正安国《りっしょうあんこく》」の希望《きぼう》の世界を目指《めざ》して！
「師弟勝利《していしょうり》」の明日《あす》を確信《かくしん》して！

［注　解］

〈注1〉【祈禱抄《きとうしょう》】文永《ぶんえい》9年（1272年）、佐渡《さど》で著《あらわ》され、最蓮房《さいれんぼう》に与《あた》えられたとされる。法華経の行者《ぎょうじゃ》の祈《いの》りが叶《かな》わないことは絶対《ぜったい》にないと断言《だんげん》されている。

〈注2〉【諸天善神《しょてんぜんじん》】正法《しょうほう》を受持《じゅじ》する人とその国土《こくど》を守護《しゅご》する種々《しゅじゅ》の神々《かみがみ》。「諸天」とは天界《てんかい》の衆生《しゅじょう》をいい、「善神」は正しい生《い》き方《かた》をする人を支《ささ》え、守《まも》るものをいう。一定《いってい》の実体《じったい》をもつ存在《そんざい》ではなく、正法を実践《じっせん》する人を守護する種々の働《はたら》きをいう。法華経では、梵天《ぼんてん》・帝釈天《たいしゃくてん》・四天王《してんのう》や十羅刹女《じゅうらせつにょ》などが法華経を受持する者《もの》を守護することを誓《ちか》っている。

〈注3〉【如説修行《にょせつしゅぎょう》】「説《せつ》の如《ごと》く修行す」と読《よ》み下《くだ》す。仏《ほとけ》が説《と》いた教《おし》え通《どお》りに修行すること。法華経如来神力品第21《にょらいじんりきほんだい》に「汝等《なんだち》は、如来滅《にょらいめっ》して後《のち》に於《お》いて、応当《まさ》に一心《いっしん》に受持《じゅじ》・読《どく》・誦《じゅ》・解説《げせつ》・書写《しょしゃ》し、説の如く修行すべし」（法華経572ページ）と説かれている。

〈注4〉【変毒為薬《へんどくいやく》】「毒《どく》を変《へん》じて薬《くすり》と為《な》す」と読《よ》み下《くだ》す。妙法の力《ちから》によって、煩悩《ぼんのう》・業《ごう》・苦《く》の三道《さんどう》を流転《るてん》する凡夫《ぼんぷ》の生命《せいめい》を、法身《ほっしん》・般若《はんにゃ》・解脱《げだつ》という仏《ほとけ》の三徳《さんとく》に満《み》ちた生命へと転換《てんかん》することをいう。

〈注5〉【法報応の三身《ほっぽうおうのさんじん》】仏《ほとけ》の三種《しゅ》の身《み》のこと。法身《ほっしん》、報身《ほうしん》、応身《おうじん》の三身をいう。法身とは、仏が覚《さと》った真実《しんじつ》・真理《しんり》のこと。報身とは、最高《さいこう》の覚りの智慧《ちえ》をはじめ、仏と成《な》った報《むく》いとして得《え》た種々《しゅじゅ》の優《すぐ》れた特性《とくせい》。応身とは、人々を苦悩《くのう》から救《すく》うために、それぞれに応《おう》じて現実《げんじつ》に現《あらわ》した姿《すがた》で、慈悲《じひ》の側面《そくめん》をいう。

〈注6〉【四条金吾殿御返事《しじょうきんごどのごへんじ》】建治《けんじ》2年（1276年）または建治《けんじ》3年（1277年）の御述作《ごじゅっさく》。主君《しゅくん》の命令《めいれい》の領地《りょうち》替《が》えの件《けん》を受諾《じゅだく》しなかった四条金吾のことを、同僚《どうりょう》が主君《しゅくん》を軽《かろ》んじていると讒言《ざんげん》したため、窮地《きゅうち》に陥《おちい》った金吾に対《たい》し、八風《はっぷう》におかされない者《もの》が「賢人《けんじん》」であると教《おし》えられ、必《かなら》ず諸天《しょてん》は守護《しゅご》すると激励《げきれい》されている。

〈注7〉【八風《はっぷう》】利《うるお》い（利益《りやく》・繁栄《はんえい》）・衰《おとろ》え（勢力《せいりょく》の衰退《すいたい》）・毀《やぶ》れ（名誉《めいよ》が傷《きず》つけられること）・誉《ほま》れ（名声《めいせい》・栄誉《えいよ》）・称《たた》え（賞讃《しょうさん》）・譏《そし》り（誹謗《ひぼう》を受《う》けること）・苦《くる》しみ・楽《たの》しみの八種《しゅ》。「四条金吾殿御返事《しじょうきんごどのごへんじ》（八風抄《はっぷうしょう》）」には「賢人《けんじん》は、八風《はっぷう》と申《もう》して八《や》つのかぜ《風》におかされ《侵》ぬを、賢人と申《もう》すなり（中略）この八風におかされ《侵》ぬ人《ひと》をば、必《かなら》ず天《てん》はまぼら《守》せ給《たも》うなり」（新1565ページ・全1151ページ）と指導《しどう》されている。

〈注8〉【死身弘法《ししんぐほう》】「身《み》を死《ころ》して法《ほう》を弘《ひろ》む」と読《よ》み下《くだ》す。章安大師《しょうあんだいし》の『涅槃経疏《ねはんぎょうしょ》』にある。教法《きょうほう》流布《るふ》の精神《せいしん》を示《しめ》したもので、身を賭《と》して法を弘めることをいう。

〈注9〉【メニューイン氏《し》】ユーディー・メニューイン。1916年～1999年、米・ニューヨーク生《う》まれ。4歳《さい》からバイオリンを弾《ひ》き始《はじ》め、欧米各国《おうべいかっこく》でコンサートを重《かさ》ね、「神童《しんどう》」と絶賛《ぜっさん》を受《う》ける。第《だい》2次《じ》世界大戦後《たいせんご》は主《おも》にイギリスとスイスで活躍《かつやく》。その演奏《えんそう》は、19世紀の情緒《じょうちょ》的《てき》な趣味《しゅみ》を払拭《ふっしょく》し、理性的《りせいてき》に楽譜《がくふ》を読解《どっかい》する現代的演奏《げんだいてきえんそう》の先駆《さきが》けとなったとされる。音楽《おんがく》のみならず、人権《じんけん》・平和運動《へいわうんどう》に取《と》り組《く》んだヒューマニストとして知《し》られる。池田先生とは、1992年4月、東京で会見《かいけん》している。

目《め》の前《まえ》の一人《ひとり》に向《む》き合い「一人を大切《たいせつ》に!」

5月3日は「創価学会の日」です。

とりわけ1951年(昭和26年)の5月3日は、創価学会が「広宣流布」という人類救済《じんるいきゅうさい》の聖業《せいぎょう》を遂行《すいこう》する、「地涌《じゆ》の菩薩《ぼさつ》」の和合僧《わごうそう》として発迹顕本《ほっしゃくけんぽん》〈注1〉し、師弟共戦《していきょうせん》の大前進《だいぜんしん》を開始《かいし》した原点《げんてん》の日です。

「太陽の仏法」の希望《きぼう》の大光《たいこう》は、今や地球上《ちきゅうじょう》の至《いた》る所《ところ》に燦々《さんさん》と降《ふ》り注《そそ》ぎ、社《しゃ》会《かい》を照《て》らしています。慈折《じしゃく》広布の滔々《とうとう》たる大河《たいが》の流《なが》れも、世界を舞台《ぶたい》に地涌《じゆ》の人材《じんざい》が躍《おど》り出《で》る時代《じだい》の到来《とうらい》も、この日から始《はじ》まりました。

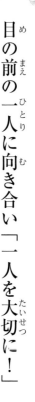

「師弟凱歌《していがいか》の記念日《きねんび》」

さわやかな晴天《せいてん》となった、この日、東京・墨田区《すみだく》の地《ち》で、わが恩師《おんし》・戸田城聖《じょうせい》先生は、広宣流布の大願《だいがん》を掲《かか》げて、創価学会第《だい》2代《だい》会長に就任《しゅうにん》されました。初代《しょだい》会長・牧口常三郎《つねさぶろう》先生が1944年（昭和19年）、秋霜《しゅうそう》の獄舎《ごくしゃ》で殉教《じゅんきょう》されてより7年——私は、待《ま》ちに待った戸田先生の雄姿《ゆうし》を仰《あお》ぎ見ていました。それは、赫々《かっかく》たる「師弟凱歌《していがいか》の記念日《きねんび》」となりました。

ここに至《いた》る日々《ひび》は、薄氷《はくひょう》を踏《ふ》み、断崖絶壁《だんがいぜっぺき》に立つような困難《こんなん》の連続《れんぞく》でした。戦後経済《せんごけいざい》の大混乱《だいこんらん》のあおりを受《う》け、戸田先生は前年《ぜんねん》には、ご自身《じしん》の事業《じぎょう》が窮地《きゅうち》に陥《おちい》る中で、学会の理事長《りじちょう》も辞任《じにん》を余儀《よぎ》なくされたのです。

現実社会《げんじつしゃかい》での闘争《とうそう》は、誠《まこと》に厳《きび》しかった。しかし、仏法が敗《やぶ》れたのでは断《だん》じてない。信心では決《けっ》して敗れていない。必《かなら》ずこのどん底《ぞこ》を打開《だかい》して、洋々《ようよう》たる前途《ぜんと》を切り開《ひら》いてみせると、私は不二《ふに》の誓《ちか》いを立てました。

——牧口先生と共《とも》に正義《せいぎ》の信念《しんねん》を貫《つらぬ》いて投獄《とうごく》され、牧口先生の後《あと》を継《つ》いでこられたのは戸田先生である。先生がいらっしゃらなければ、妙法の広宣流布は絶対《ぜったい》にできない。今、この折伏《しゃくぶく》の大師匠《だいししょう》を護《まも》ることこそが、妙法流布の命脈《めいみゃく》を護ることになる。そして、広布の大誓願《だいせいがん》を遂行《すいこう》するために、何《なん》としても先生に第《だい》2代《だい》会長に就任《しゅうにん》していただき、陣頭指揮《じんとうしき》を執《と》っていただくのだ！

戸田先生は、私に言われました。

「私の、この世《よ》に生《う》まれた使命《しめい》は、また君《きみ》の使命なんだよ」と。

私は猛然《もうぜん》と祈《いの》り、阿修羅《あしゅら》の如《ごと》く戦《たたか》い、突破口《とっぱこう》を開《ひら》いていったのです。

「常《つね》に断崖《だんがい》の縁《ふち》を歩《ある》いてきた人間にとって、最大《さいだい》の緊急事態《きんきゅうじたい》も、いわば日常《にちじょう》茶飯《さはん》の出来事《できごと》にすぎません」——あの苦難《くなん》の渦中《かちゅう》に、戸田先生と共《とも》に命《いのち》に刻《きざ》みつけた革命小説《かくめいしょうせつ》『永遠《えいえん》の都《みやこ》』〈注2〉の印象深《いんしょうぶか》い一節《いっせつ》です。

最大《さいだい》の窮地《きゅうち》の中でも、創価の師弟《してい》は、この不動《ふどう》の信念《しんねん》で進《すす》んできたのです。

「我《われ》、地涌《じゆ》の菩薩《ぼさつ》なり」

戸田先生にとって第《だい》2代《だい》会長への就任《しゅうにん》は、戦時中《せんじちゅう》に、軍部政府《ぐんぶせいふ》の弾圧《だんあつ》で壊滅《かいめつ》した学会を、いかなる権力《けんりょく》にも屈《くっ》しない難攻不落《なんこうふらく》の民衆《みんしゅう》の組織《そしき》として再構築《さいこうちく》する挑戦《ちょうせん》でもありました。

獄中《ごくちゅう》で「我《われ》、地涌《じゆ》の菩薩《ぼさつ》なり」との自覚《じかく》を得《え》て出獄《しゅつごく》された先生は、広宣流布の戦《たたか》いは、再《ふたた》び必《かなら》ず「三類《さんるい》の強敵《ごうてき》」の大難《だいなん》に直面《ちょくめん》することも覚悟《かくご》されていました。

牧口先生が戦時下《せんじか》、厳《きび》しい口調《くちょう》で何度《なんど》も語られていたのは、「学会は発迹顕《ほっしゃくけん》本《ぽん》しなければならない」という一点《いってん》です。

この先師《せんし》の心を受《う》け、戸田先生が出《だ》された結論《けつろん》は、皆《みな》が地涌《じゆ》の菩薩《ぼさつ》の自覚《じかく》に立ち、広宣流布の誓願《せいがん》と使命《しめい》を分《わ》かち合う、師弟不二《していふに》の和合僧《わごうそう》の誕生《たんじょう》こそ、学会の「発迹顕本《ほっしゃくけんぽん》」であるということでした。

以来《いらい》、毎年巡《まいとしめぐ》り来《く》る「5月3日」は、常《つね》に新生《しんせい》の息吹《いぶき》をいやましていく日であり、永遠《えいえん》の師弟共戦《していきょうせん》の広布旅《たび》を続《つづ》けていく、誓《ちか》いの日なのです。

開目抄《かいもくしょう》

御文

（新72ページ・全202ページ）

されば、日蓮《にちれん》が法華経《ほけきょう》の智解《ちげ》は天台《てんだい》・伝教《でんぎょう》には千万《せんまん》が一分《いちぶん》も及《およ》ぶことなけれども、難《なん》を忍《しの》び慈悲《じひ》のす《勝》ぐれたることはお《畏》それをもい《抱》だきぬべし。

現代語訳

（法華経を末法《まっぽう》に弘通《ぐつう》して未聞《みもん》の大難《だいなん》に遭《あ》っているので）したがって、日蓮の法華経に対《たい》する理解《りかい》は、天台《てんだい》や伝教《でんぎょう》の千万分《せんまんぶん》の一にも及《およ》ばないけれども、難《なん》を忍《しの》び、慈悲《じひ》がすぐれていることは、実《じつ》に恐縮《きょうしゅく》するほどである。

忍難《にんなん》・慈悲《じひ》こそ実践《じっせん》の究極《きゅうきょく》

まず拝《はい》したいのは、日蓮大聖人が末法《まっぽう》の「法華経の行者《ぎょうじゃ》」としての御境地《ごきょうち》を明《あ》かされた、「開目抄《かいもくしょう》」〈注3〉の要文《ようもん》です。創価学会がこの世《よ》に出現《しゅつげん》した意義《いぎ》が、あらためて今、鮮明《せんめい》に浮《う》かび上《あ》がるからです。

法華経に対《たい》する正《ただ》しい理解《りかい》について、天台《てんだい》、伝教《でんぎょう》〈注4〉が残《のこ》した功績《こうせき》は計《はか》り知《し》れません。道理《どうり》を尽《つ》くして説《と》き示《しめ》していく普遍《ふへん》の智慧《ちえ》が明《あき》らかになりました。

しかし、悪世末法《あくせまっぽう》に法華経を弘《ひろ》めるためには、より以上《いじょう》に重要《じゅうよう》なことがある。それは、苦悩《くのう》に沈《しず》む現実《げんじつ》の一人一人《ひとり》を救《すく》い切《き》っていくための、「忍難《にんなん》」と「慈《じ》悲《ひ》」にほかならないと仰《おお》せなのです。この二つは法華経の行者《ぎょうじゃ》の根本条件《こんぽんじょうけん》ともいえます。と同時《どうじ》に、大聖人が悪世末法で「立宗《りっしゅう》」を宣言《せんげん》され、一閻浮提《いちえんぶだい》（全世界）広宣流布の大闘争《だいとうそう》に踏《ふ》み出《だ》されたのも、この二つの力《ちから》があればこそでした。

立宗直前《りっしゅうちょくぜん》の厳粛《げんしゅく》な精神闘争《せいしんとうそう》

「開目抄《かいもくしょう》」の前段《ぜんだん》には、そうした経緯《けいい》が記《しる》されています。

大聖人は、法華経を説《と》くか説かざるか、深《ふか》く苦悩《くのう》されます。説けば王難《おうなん》が起《お》こる。難を恐《おそ》れて説かなければ「慈悲《じひ》なきににたり《似》」（新70ページ・全200ページ）です。いったんは「二辺《にへん》の中《うち》にはいうべし《言》」（同）と決断《けつだん》される。しかし、説くことで王難に遭《あ》い、退転《たいてん》するくらいなら、最初《さいしょ》から説くべきではないのではないか。進《すす》むべきか、進まざるべきか、重《かさ》ねて自問《じもん》する中で想起《そうき》されたのが、宝塔品《ほうとうほん》の「六難九易《ろくなんくい》」〈注5〉の法理《ほうり》です（同）。

「九易《くい》（九《ここの》つの易《やさ》しいこと）」には、「須弥山《しゅみせん》を取《と》って投《な》げること」「枯《か》れ草《くさ》を背負《せお》って火《ひ》に入《はい》って焼《や》けないこと」「ガンジス川《がわ》の砂粒《すなつぶ》のように無数《むすう》の経典《きょうてん》を暗誦《あんしょう》すること」等々《とうとう》、実際《じっさい》には不可能《ふかのう》な事例《じれい》が挙《あ》げられています。

一方《いっぽう》、「六難《ろくなん》（六つの難《むずか》しいこと）」には、「仏滅後《ぶつめつご》に法華経を受持《じゅじ》して『一人《ひとり》の為《ため》』に説《と》くこと」等《とう》が挙《あ》げられ、「九易《くい》」よりもはるかに困難《こんなん》なことであるというのです。

法華経をたった「一人《ひとり》」のために説《と》くことが、なぜ、それほどまでに難《むずか》しいのか。理由《りゆう》の一つは、一人の生命《せいめい》の内面《ないめん》の変革《へんかく》こそが最《もっと》も難《むずか》しい。粘《ねば》り強《づよ》い関《かか》わりが必要《ひつよう》だからです。ましてや末法《まっぽう》には大難《だいなん》が必定《ひつじょう》です。なればこそ、「忍《にん》難《なん》」が絶対条件《ぜったいじょうけん》となる。そして、この試練《しれん》を耐《た》え抜《ぬ》き、立ち塞《ふさ》がる苦難《くなん》の壁《かべ》を突破《とっぱ》する原動力《げんどうりょく》こそ、誓願《せいがん》の力《ちから》です。

大聖人は、「今度《こんど》強盛《ごうじょう》の菩提心《ぼだいしん》をおこ《発》して退転《たいてん》せじと願《がん》じぬ」（同）と、不退《ふたい》の大誓願《だいせいがん》をもって、「山《やま》に山をかさね《重》、波《なみ》に波をたたみ《畳》、難《なん》に難を加《くわ》え、非《ひ》に非をます《増》べし」（新72ページ・全２０２ページ）という大法戦《だいほうせん》へ突《つ》き進《すす》まれました。

そして、一切《いっさい》の大難《だいなん》を堪《た》え忍《しの》ばれる中に、誰《だれ》もが宿命《しゅくめい》を使命《しめい》に変《か》えて人生《じんせい》を生《い》き、幸福《こうふく》になれるという「万人成仏《ばんにんじょうぶつ》」「民衆仏法《みんしゅうぶっぽう》」の大法《だいほう》を確立《かくりつ》されたのです。

広宣流布は難事中《なんじちゅう》の難事

仏《ほとけ》を「能忍《のうにん》」（能《よ》く忍《しの》ぶ）といいます。

忍耐強《にんたいづよ》くなければ、「猶多怨嫉《ゆたおんしつ》、況滅度後《きょうめつどご》」〈注6〉等と言われる末法《まっぽう》の娑婆《しゃば》世界で、法華経を説《と》き、行《ぎょう》ずることはできません。

この大難必定《だいなんひつじょう》の前途《ぜんと》を覚悟《かくご》の上《うえ》で、戸田先生を折伏《しゃくぶく》の大将軍《だいしょうぐん》として、創価学会は立ち上がったのです。それは、大聖人の忍難弘通《にんなんぐつう》の大闘争《だいとうそう》にまっすぐに連《つら》なっています。

かつて私は、4月28日の「立宗《りっしゅう》の日《ひ》」に際《さい》して、広宣流布が難事中《なんじちゅう》の難事たる所以《ゆえん》をより明確《めいかく》にするために、「六難九易《ろくなんくい》」の法理《ほうり》を踏《ふ》まえて語ったことがあります（1972年）。

法華経は「万人成仏《ばんにんじょうぶつ》」の法《ほう》です。人間の生命《せいめい》に巣《す》くう無明《むみょう》を打《う》ち破《やぶ》り、個々《ここ》の生命を内面《ないめん》から磨《みが》き上《あ》げて、自身《じしん》の尊厳《そんげん》と限《かぎ》りない可能性《かのうせい》に目覚《めざ》めさせてい

2009年6月4日、池田先生は香峯子夫人と共に創価女子会館（現・創価池田華陽会館）を初訪問し、ピアノを奏でた

く。その一人《ひとり》一人の行動《こうどう》は、必然的《ひつぜんてき》に、さまざまな形《かたち》で新《あら》たな変革《へんかく》の波《なみ》を起《お》こす。それは、既存《きそん》の枠組《わくぐ》みにすべてを収容《しゅうよう》しようとする既成《きせい》の権《けん》力《りょく》とは、全《まった》くベクトルが異《こと》なるものとなる。そこに、意図《いと》せずとも、摩《ま》擦《さつ》や相克《そうこく》が生《う》まれる。反動《はんどう》の圧迫《あっぱく》もあり得《え》ます。

最大《さいだい》の善意《ぜんい》によって立ち、誠実《せいじつ》の二字をもって社会《しゃかい》に向《む》き合い、友好《ゆうこう》の心をもって立正安国《りっしょうあんこく》を願《ねが》っても、こうした潜在的《せんざいてき》な緊張《きんちょう》は避《さ》け得《え》ない。ゆえに、「忍難《にんなん》」という不《ふ》撓《とう》不《ふ》屈《くつ》の魂《たましい》が、娑婆《しゃば》世界の広宣流布において不可欠《ふかけつ》となるのです。

民衆《みんしゅう》の友《とも》として寄《よ》り添《そ》う

この「忍難《にんなん》」と一体《いったい》なのが、「慈悲《じひ》」です。

それは、一番苦《いちばんくる》しんでいる人、一番悩《なや》んでいる人の側《がわ》に立つことです。サンスクリット（古代《こだい》インドの文章語《ぶんしょうご》）等では、「慈悲《じひ》」を意味《いみ》する言葉《ことば》と、「友情《ゆうじょう》」を意味する言葉は、同《おな》じ語源《ごげん》を持《も》ちます。苦しんでいる民衆《みんしゅう》の真《しん》の友《とも》となり、寄《よ》り添《そ》い助《たす》けよう、救《すく》っていこうというのが慈悲の本義《ほんぎ》です。何があろうが見《み》捨《す》てないということです。

大聖人が大切《たいせつ》にされた譬《たと》えに、幼子《おさなご》を連《つ》れて苦難《くなん》の旅《たび》を続《つづ》ける一人《ひとり》の母《はは》が、激流《げきりゅう》にさらわれるわが子《こ》を命《いのち》がけで護《まも》り抜《ぬ》こうとした物語《ものがたり》があります（涅槃《ねはん》経《ぎょう》、御書新115ページ・全233ページ参照《さんしょう》）。

いかなる災難《さいなん》に遭《あ》おうとも、ひたすら子《こ》を思《おも》ってやまぬ母《はは》の「慈念《じねん》」（新1

１６ページ・全２３４ページ）、すなわち慈悲《じひ》の心が偉大《いだい》な境涯《きょうがい》を開《ひら》いたのです。

そして、大聖人は、忍難《にんなん》にして慈悲《じひ》の母《はは》が体現《たいげん》した不退《ふたい》の一念《いちねん》こそが成仏《じょうぶつ》の因《いん》となることを示《しめ》され、あの有名《ゆうめい》な「開目抄《かいもくしょう》」の一節《いっせつ》が説《と》かれるのです。

「我《われ》ならびに我《わ》が弟子《でし》、諸難《しょなん》ありとも疑《うたが》う心《こころ》なくば、自然《じねん》に仏界《ぶっかい》にいたるべし」（新１１７ページ・全２３４ページ）と。

創価の師弟《してい》があらゆる難《なん》を勝《か》ち越《こ》え、世界中で身読《しんどく》してきた御文《ごもん》です。

この御聖訓《ごせいくん》を拝《はい》する時《とき》、５月３日が「創価学会母の日」であることが胸《むね》に迫《せま》ります。さらに6月は、世界第一《だいいち》の女性部にとって、意義深い婦人部結成《けっせい》の月です。いかなる苦難《くなん》にも宿命《しゅくめい》の嵐《あらし》にも負《ま》けず、生命《せいめい》を慈《いつく》しみ、平和《へいわ》を守《まも》り、快活《かいかつ》に朗《ほが》らかに前進《ぜんしん》する創価の太陽のスクラムに、私は満腔《まんこう》の感謝《かんしゃ》と賞讃《しょうさん》を捧《ささ》げたいのです。

法華取要抄《ほっけしゅようしょう》

御文

(新154㌻・全335㌻)

薬王品《やくおうほん》に云《い》わく「我滅度《われめつど》して後《のち》、後《のち》の五百歳《ごひゃくさい》の中《うち》、閻浮提《えんぶだい》に広宣流布《こうせんるふ》して、断絶《だんぜつ》せしむることなけん」等云々《とううんぬん》。また云《い》わく「この経《きょう》は則《すなわ》ちこれ閻浮提《えんぶだい》の人《ひと》の病《やまい》の良薬《ろうやく》なり」等《とう》云々《うんぬん》。涅槃経《ねはんぎょう》に云《い》わく「譬《たと》えば、七子《しちし》あり、父母《ふぼ》平等《びょうどう》ならざるにあらざれども、しかも病者《びょうじゃ》において心《こころ》即《すなわ》ちひとえに重《おも》きがごとし」等云々《とううんぬん》。(中略)

諸薬《しょやく》の中《うち》には南無妙法蓮華経は第一《だいいち》の良薬《ろうやく》なり。

現代語訳

薬王品《やくおうほん》には「私（釈尊《しゃくそん》）が亡《な》くなった後、後の五百年のうちに（法華経を）一閻浮提《いちえんぶだい》に広宣流布して、断絶《だんぜつ》させてはならない」とある。また、（同品《どうほん》には）「この経《きょう》は、一閻浮提《いちえんぶだい》の人《ひと》の病《やまい》を治《なお》す良薬《りょうやく》である」とある。

涅槃経《ねはんぎょう》には「譬《たと》えを示《しめ》せば、七人の子《こ》どもがいて、父母《ふぼ》は、この七人の子《こ》たちに対《たい》して平等《びょうどう》でないわけではないのだが、それでも病気《びょうき》の子《こ》にはひときわ心《こころ》を砕《くだ》くというようなものである」とある。（中略）

さまざまな薬《くすり》のうち、南無妙法蓮華経が一番《いちばん》の良薬《りょうやく》である。

法華経は末法《まっぽう》のための経典《きょうてん》

続《つづ》いて、「法華取要抄《ほっけしゅようしょう》」〈注7〉の一節《いっせつ》を拝《はい》します。

ここでは、仏《ほとけ》の永遠《えいえん》の生命《せいめい》を明《あ》かした法華経寿量品《じゅりょうほん》は、いったい誰《だれ》のために説《と》かれたのかという問《と》いを立てられ、ひとえに釈尊滅後《しゃくそんめつご》の衆生《しゅじょう》のためであり、なかんずく「末法今時《まっぽうこんじ》の日蓮等《にちれんら》がためなり」（新１５４ページ・全３３４ページ）――大聖人御自身《ごじしん》と弟子《でし》たちのために説かれたと断言《だんげん》されています。

次《つ》いで、涌出品《ゆじゅっぽん》、寿量品等《じゅりょうほんとう》の文《もん》に続《つづ》き、薬王品《やくおうほん》と涅槃経《ねはんぎょう》から文証《もんしょう》が掲《かか》げられています。

まず示《しめ》された薬王品《やくおうほん》の文《もん》は、いうまでもなく、仏滅後《ぶつめつご》の悪世末法《あくせまっぽう》において法華経を閻浮提《えんぶだい》へ広宣流布し、一切衆生《いっさいしゅじょう》を救《すく》っていくよう、釈尊《しゃくそん》から託《たく》された真文《しんもん》であり、世界広宣流布が仏意仏勅《ぶついぶっちょく》である文証《もんしょう》です。この経文《きょうもん》をわが身《み》のこととして、末法《まっぽう》広宣流布を誓《ちか》って立ち上がったのが、地涌《じゆ》の菩薩《ぼさつ》なのです。

全世界の人の病《やまい》を治《なお》す良薬《りょうやく》

さらに、同《おな》じ薬王品《やくおうほん》から、この法華経は「一閻浮提《いちえんぶだい》の人《ひと》の病《やまい》を治《なお》す良薬《りょうやく》である」との文《もん》が掲《かか》げられます。これは法華経の広宣流布は、ただ教《おし》えが広《ひろ》まることではなく、現実《げんじつ》の上《うえ》で、あらゆる衆生《しゅじょう》が苦悩《くのう》を克服《こくふく》していくという「救済《きゅうさい》」にこそ、焦点《しょうてん》があることを示《しめ》しているといえます。

「大医王《だいいおう》」たる仏《ほとけ》の慈眼《じげん》から見れば、末法《まっぽう》の衆生《しゅじょう》は、疫病等《えきびょうとう》の〝身《み》の病《やまい》〟の脅威《きょうい》にさらされるだけでなく、無明《むみょう》に覆《おお》われ、三毒《さんどく》〈注8〉強盛《ごうじょう》な〝生命《せいめい》の病〟に侵《おか》されています。この苦悩《くのう》を治《なお》し、末法《まっぽう》の衆生を救《すく》う大良薬《だいりょうやく》が、南無妙法蓮華経なのです。

現実《げんじつ》の苦悩《くのう》にあえぐ民衆一人一人《みんしゅうひとり》を、いかに救《すく》っていくか。ここに、万人成《ばんにんじょう》仏《ぶつ》の法《ほう》たる法華経の根本《こんぽん》の視座《しざ》があります。

続《つづ》いて引用《いんよう》されるのは、涅槃経《ねはんぎょう》に説《と》かれる七子《しちし》の譬《たと》えです。

――ある父母《ふぼ》のもとに七人の子《こ》がいた。父母の愛《あい》は七人の子どもたちに惜《お》しみなく平等《びょうどう》に注《そそ》がれている。しかし、一人《ひとり》の子が重《おも》い病気《ひょうき》になった。すると父母は、決《けっ》して偏愛《へんあい》しているわけではないが、病気の子を特《とく》に気《き》にかけるものである――と。

この「病子《びょうし》」とは、もとの経文《きょうもん》（涅槃経《ねはんぎょう》）の上では、釈尊《しゃくそん》に仇《あだ》をなした阿闍《あじゃ》世王《せおう》〈注9〉を指《さ》しています。最《もっと》も救《すく》うことが難《むずか》しいと思《おも》われる存在《そんざい》は、実《じつ》は最も苦《くる》しんでいる存在です。大聖人は、他《た》の誰《だれ》でもなく、救《すく》い難《がた》い末法《まっぽう》の衆生《しゅじょう》一人一人《ひとりひとり》にほかならないと捉《とら》えられています。自分ほど不幸《ふこう》な者《もの》はいない、と絶望《ぜつぼう》している人に手《て》を差《さ》し伸《の》べるのです。

この七子《しちし》の譬《たと》えは、「冬《ふゆ》は必《かなら》ず春《はる》となる」（新1696ジペー・全1253ジペー）と、一人《ひとり》の母《はは》（妙一尼《みょういちあま》）に無限《むげん》の希望《きぼう》を送《おく》られた御返事《ごへんじ》にも引《ひ》かれています。

門下《もんか》を励《はげ》まし続《つづ》けた大聖人

目《め》の前《まえ》の「一人《ひとり》」に向《む》き合い、どこまでも「一人」を大切《たいせつ》に、「一人」を救《すく》い切《き》っていく――ここにこそ、仏法の真髄《しんずい》があります。

立正安国《りっしょうあんこく》の大道《だいどう》を開《ひら》かれ、閻浮提《えんぶだい》広宣流布を遥《はる》かに展望《てんぼう》されつつ、大聖人は、どこまでも門下《もんか》一人《ひとり》一人の人生《じんせい》に寄《よ》り添《そ》い、励《はげ》ましを送《おく》り続《つづ》けられました。

また、一国《いっこく》広宣流布、さらに仏法西還《せいかん》、東洋《とうよう》広布を誓願《せいがん》された戸田先生は、来《く》る日も来《く》る日も、病苦《びょうく》、経済苦《けいざいく》、家庭不和《かていふわ》等々の悩《なや》みを携《たずさ》えて相談《そうだん》に訪《おとず》れる学会員を抱《だ》きかかえ、個人指導《こじんしどう》を重《かさ》ねていかれました。

抽象的《ちゅうしょうてき》な一般論《いっぱんろん》として、一切衆生《いっさいしゅじょう》を救《すく》うという理想《りそう》を掲《かか》げるのではない。現実《げんじつ》に苦《くる》しんでいる一人《ひとり》の苦悩《くのう》を解決《かいけつ》できるかどうか。それが、万人成仏《ばんにんじょうぶつ》の誓願《せいがん》の試金石《しきんせき》です。仏法の勝負《しょうぶ》です。言い換《か》えれば、「一《いち》は万《まん》が母《はは》」（新578ページ・全498ページ）とある如《ごと》く、具体的《ぐたいてき》な一人に関《かか》わる、その先《さき》に、初《はじ》めて一切衆《いっさいしゅ》生《じょう》が生《い》きた姿《すがた》で現《あらわ》れる。目《め》の前《まえ》の一人を救《すく》うことが一切衆生《いっさいしゅじょう》を救うことに通《つう》じていくのです。

マハトマ・ガンジー〈注10〉は、「すべての人々《ひとびと》の目《め》から涙《なみだ》を拭《ぬぐ》い去《さ》りたい」

と、自身《じしん》の願《ねが》いを吐露《とろ》しました。

この言葉《ことば》に接《せっ》すると、私の心には「この世《よ》から悲惨《ひさん》の二字をなくすのだ！」と叫《さけ》ばれた戸田先生の慈顔《じがん》が浮《う》かびます。

ガンジーが教《おし》えた寓話《ぐうわ》

ガンジーの令孫《れいそん》のアルン氏《し》が、祖父《そふ》から聞《き》いた印象深《いんしょうぶか》い寓話《ぐうわ》があります。

――ある早朝《そうちょう》、一人《ひとり》の男《おとこ》が浜辺《はまべ》を歩《ある》いていると、多《おお》くのヒトデが砂浜《すなはま》に取《と》り残《のこ》されていた。太陽が昇《のぼ》れば干上《ひあ》がってしまうだろう。男はヒトデを拾《ひろ》い上《あ》げては海《うみ》に戻《もど》し始《はじ》めた。すると、そこへ現《あらわ》れた人が、〝どれだけたくさんいるか見てみろ。全部《ぜんぶ》を救《すく》えるわけがない〟と笑《わら》った。ちょうどヒトデを一つ海に戻していた男は答《こた》えた。〝そのヒトデにとっては大《おお》きな違《ちが》いさ〟と。

アルン氏《し》は、この寓話《ぐうわ》から、「一人《ひとり》の命《いのち》に触《ふ》れ、その命を救《すく》うことができれば、それこそ私たちが作《つく》り出《だ》せる大《おお》きな変化《へんか》」だという意味《いみ》を汲《く》み取《と》られていました〈注11〉。

まさしく〃無数《むすう》〃という抽象的《ちゅうしょうてき》な数《かず》に惑《まど》わされず、縁《えん》した一人《ひとり》一人に誠実《せいじつ》に向《む》き合い関《かか》わることが、何《なに》より大事《だいじ》なのです。

誰《だれ》もが真《しん》に大切《たいせつ》な存在《そんざい》

かつて分析心理学者《ぶんせきしんりがくしゃ》のカール・ユング〈注12〉は、東西冷戦《とうざいれいせん》の渦中《かちゅう》、国家権《こっかけん》力《りょく》や軍事力《ぐんじりょく》が膨張《ぼうちょう》し、人々が無力《むりょく》な存在《そんざい》として「群衆化《ぐんしゅうか》」されていく病理《びょうり》に、鋭《するど》い警鐘《けいしょう》を鳴《な》らしました。個人《こじん》が社会《しゃかい》の中の「ある組織《そしき》を示《しめ》す数表《すうひょう》の数字《すうじ》の一つ」「交換《こうかん》のきく極小単位《きょくしょうたんい》の役《やく》」にすぎなくなってしまえば、いったいどこに「個人の尊厳《そんげん》」や「個人の価値《かち》」があるのか。

ユングは、一人《ひとり》一人の個人《こじん》は断《だん》じて取《と》るに足《た》らぬ存在《そんざい》ではなく、誰《だれ》もが「真《しん》に大切《たいせつ》な存在」なのだと主張《しゅちょう》し、こう強《つよ》く訴《うった》えたのです。「おのれの魂《たましい》の救済《きゅうさい》にこそ世界の救済はあると気《き》づかせるべきなのだ」と。

まさに急所《きゅうしょ》を突《つ》く言葉《ことば》です。

民衆《みんしゅう》の一人《ひとり》一人は、その人生《じんせい》も、抱《かか》える苦悩《くのう》も千差万別《せんさばんべつ》です。その一人一人が尊極《そんごく》であり、かけがえのない生命《せいめい》なのです。

一対一の対話《たいわ》でこそ広布が前進《ぜんしん》

「御義口伝《おんぎくでん》」には、「一切衆生《いっさいしゅじょう》の異《い》の苦《く》を受《う》くるは、ことごとくこれ日蓮一人《にちれんいちにん》の苦《く》なるべし」（新1056ページ・全758ページ）と仰《おお》せです。

ともに別《べつ》の御書では「一切衆生《いっさいしゅじょう》の同一苦《どういっく》は、ことごとくこれ日蓮一人《にちれんいちにん》の苦《く》なりと申《もう》すべし」（新745ページ・全587ページ）とも記《しる》されています。

「異《い》の苦《く》」という、あらゆる衆生《しゅじょう》の苦《くる》しみを一つ一つ一身《いっしん》に受《う》け止《と》め、また、「同一苦《どういっく》」という、万人《ばんにん》に共通《きょうつう》する根本的《こんぽんてき》な苦に向《む》き合い、その解決《かいけつ》へ祈《いの》り抜《ぬ》いていく。この慈悲《じひ》の心で、民衆《みんしゅう》の中へ飛《と》び込《こ》んでいくのです。

かつて、戸田先生は会長就任《しゅうにん》の決意《けつい》を表明《ひょうめい》する中で、弘教《ぐきょう》75万世帯《まんせたい》という広宣流布の願業《がんぎょう》を師子吼《ししく》されました。学会の会員数《かいいんすう》が約《やく》3000人の時代《じだい》です。誰《だれ》もが驚《おどろ》いた遠大《えんだい》な目標《もくひょう》でした。先生は、再《ふた》び登壇《とうだん》されてのあいさつで、こう語られました。

——今日《こんにち》の広宣流布は、国中《くにじゅう》の一人一人《ひとりひとり》を折伏《しゃくぶく》して、みんなに御本尊を持《たも》たせることである。そして、一対一のひざ詰《づ》め談判《だんぱん》、すなわち一対一の対話《たいわ》によって、広宣流布は成《な》し遂《と》げられるのである、と。

どこまでも一人《ひとり》を大切《たいせつ》にし、一人と友情《ゆうじょう》を結《むす》ぶのです。一人を励《はげ》まし、命《いのち》の底《そこ》から生《い》き抜《ぬ》く力《ちから》を蘇生《そせい》させるのです。この地道《じみち》な行動《こうどう》の積《つ》み重《かさ》ねこそが、世界192カ国・地域《ちいき》にまで地涌《じゆ》の民衆連帯《みんしゅうれんたい》を広《ひろ》げ、創価学会を世界宗教《しゅうきょう》へ飛翔《ひしょう》させてきた原動力《げんどうりょく》にほかなりません。

心と心をつなぐ勇気《ゆうき》と誠実《せいじつ》

戸田先生は言われました。

「心の世界は、慈悲深《じひぶか》い心で接《せっ》すれば、いくらでも変化《へんか》するということを忘《わす》れてはならない。ともかく、心から礼儀《れいぎ》正《ただ》しく、心から粘《ねば》り強《づよ》さをもって接《せっ》していくことが大切《たいせつ》である」と。

私も青年部の室長《しつちょう》として拡大《かくだい》の先頭《せんとう》に立って、こう同志《どうし》と語り合ったことがあります。

「みんな、奥底《おうてい》では宇宙《うちゅう》の大生命《だいせいめい》とつながっている。ゆえに、真剣《しんけん》な祈《いの》りと一人一人《ひとりひとり》との対話《たいわ》は、必《かなら》ず家庭《かてい》や職場《しょくば》や地域《ちいき》、ひいては世界までも変《か》えていけるんだ」と。

ここに、今も変《か》わらぬ、また世界の友《とも》が受《う》け継《つ》いでいる広宣流布の方軌《ほうき》があります。

一人《ひとり》から一人へ、またその先《さき》の一人へ！

心と心をつなぐ勇気《ゆうき》と誠実《せいじつ》の連鎖《れんさ》に、広宣流布の希望《きぼう》の緑野《りょくや》は無限《むげん》に広《ひろ》がります。

創立《そうりつ》100周年《しゅうねん》の栄光《えいこう》の峰《みね》へ

私は戸田先生の弟子《でし》として今も、これからも、妙法流布の不二《ふに》の旅《たび》を続《つづ》けます。

誰《だれ》かではない。わが心が燃《も》えていればよい。その一人《ひとり》立つ師子《しし》の闘魂《とうこん》の炎《ほのお》が、人間革命即《そく》広宣流布の大道《だいどう》を開《ひら》くのです。

創立《そうりつ》100周年《しゅうねん》の栄光《えいこう》の峰《みね》へ向《む》かって、私たちは今日《きょう》も粘《ねば》り強《づよ》く、また今日《きょう》も希《き》望《ぼう》に燃《も》えて、「立正安国《りっしょうあんこく》」「立正安世界《りっしょうあん》」へ、なすべきことを一つ一つ実践《じっせん》していこうではありませんか！

広宣流布の誓願《せいがん》のままに、威風《いふう》も堂々《どうどう》と！

［注　解］

〈注1〉【発迹顕本《ほっしゃくけんぽん》】「迹《しゃく》を発《ひら》いて本《ほん》を顕《あらわ》す」。宿業《しゅくごう》や苦悩《くのう》を抱《かか》えた姿《すがた》（迹）を開いて、凡夫《ぼんぷ》の身《み》に、本来《ほんらい》、生命《せいめい》に具《そな》わる本源的《ほんげんてき》な、慈悲《じひ》と智慧《ちえ》にあふれる仏《ほとけ》の境地《きょうち》（本地《ほんじ》）を顕《あらわ》すこと。法華経如来寿量品《にょらいじゅりょうほんだい》第16においては、釈尊《しゃくそん》が始成正覚《しじょうしょうがく》という迹を開いて久遠実成《くおんじつじょう》という本地を顕《あらわ》したこと。天台大師《てんだいだいし》の言葉《ことば》。さらに、日蓮大聖人の発迹顕本とは、竜《たつ》の口《くち》の法難《ほうなん》を機《き》に、宿業や苦悩を抱えた凡夫という姿（迹）を開き、本来《ほんらい》、生命に具《そな》わる本源的《ほんげんてき》な、慈悲と智慧と勇気《ゆうき》にあふれる仏の境地（本地）を、凡夫の身のままで顕されたことをいう。

〈注2〉【『永遠《えいえん》の都《みやこ》』】イギリスの小説家《しょうせつか》ホール・ケイン（1853年〜1931年）の作品《さくひん》。西暦《せいれき》1900年のローマを舞台《ぶたい》とし、人間共和《きょうわ》の理想《りそう》を目指《めざ》した壮大《そうだい》な革命劇《かくめいげき》が描《えが》かれている。池田先生は、若《わか》き日に戸田先生から贈《おく》られ、同志《どうし》と共《とも》に読《よ》むことを勧《すす》められた。引用は、『永遠の都（中）』新庄哲夫訳、潮出版社。

〈注3〉【開目抄《かいもくしょう》】佐渡流罪中《さどるざいちゅう》、塚原《つかはら》で御述作《ごじゅっさく》になり、文永《ぶんえい》9年（1272年）2月、門下一同《もんかいちどう》に与《あた》えられた書《しょ》。日蓮大聖人こそが主師親《しゅししん》の三徳《さんとく》を具《そな》えた末法《まっぽう》の御本仏《ごほんぶつ》であることが明《あ》かされている。

〈注4〉【天台《てんだい》、伝教《でんぎょう》】ともに、像法時代《ぞうほうじだい》の法華経の継承者《けいしょうしゃ》。天台（538年〜597年）は、中国の陳《ちん》・隋《ずい》の時代《じだい》に活躍《かつやく》し、『摩訶止観《まかしかん》』を講述《こうじゅつ》し、一念三千《いちねんさんぜん》の観法《かんぽう》を確立《かくりつ》した。伝教（767年〜822年）は、日本の平安時代《へいあんじだい》の初《はじ》めに、法華経を宣揚《せんよう》した。『法華秀句《ほっけしゅうく》』『顕戒論《けんかいろん》』等を著《あらわ》した。

〈注5〉【六難九易《ろくなんくい》】法華経宝塔品第《ほうとうほんだい》11で、釈尊滅後《しゃくそんめつご》における法華経を受持《じゅじ》し弘通《ぐつう》する困難《こんなん》さを六点挙《てんあ》げ、その困難《こんなん》さを示《しめ》すために九つの難事《なんじ》を、むしろ易《やさ》しいこととして示《しめ》されている（法華経390㌻〜）。

〈注6〉【猶多怨嫉《ゆたおんしつ》、況滅度後《きょうめつどご》】法華経法師品第《ほっしほんだい》10に「而《しか》も此《こ》の経《きょう》は、如来《にょらい》の現《げん》に在《いま》すすら猶怨嫉《なおおんしつ》多《おお》し。況《いわ》んや滅度《めつど》して後《のち》をや」（法華経362㌻）とある。この法華経を説《と》く時《とき》は釈尊《しゃくそん》の在世《ざいせ》でさえ、なお怨嫉（反発《はんぱつ》、敵対《てきたい》）が強《つよ》いのだから、ましてや、釈尊が入滅《にゅうめつ》した後においても、より多《おお》くの怨嫉を受《う》けるのは当然《とうぜん》である、との意《い》。

〈注7〉【法華取要抄《ほっけしゅようしょう》】文永《ぶんえい》11年（1274年）5月、佐渡流罪《さどるざい》から御帰還直後《ごきかんちょくご》に富木常忍《ときじょうにん》に与《あた》えられた書《しょ》。一代聖教《いちだいしょうぎょう》の勝劣《しょうれつ》を明《あ》かして、法華経が最勝《さいしょう》の経《きょう》であり、特《とく》に如来寿量品第《にょらいじゅりょうほんだい》16は釈尊滅後末法《しゃくそんめつごまっぽう》の日蓮大聖人のために説《と》かれたものであることを明かされ、末法流布《まっぽうるふ》の大法《だいほう》は法華経の肝要《かんよう》である三大秘法《さんだいひほう》の南無妙法蓮華経であることを示《しめ》されている。

〈注8〉【三毒《さんどく》】最《もっと》も根源的《こんげんてき》な煩悩《ぼんのう》である、貪瞋癡《とんじんち》（貪《むさぼ》り、瞋《いか》り、癡《おろ》か）のこと。

〈注9〉【阿闍世王《あじゃせおう》】釈尊在世《しゃくそんざいせ》から滅後《めつご》にかけての中《ちゅう》インド・マガダ国《こく》の王《おう》。提婆達多《だいばだった》にそそのかされ、父《ちち》を幽閉《ゆうへい》したり、釈尊の殺害《さつがい》を企《くわだ》てたりした。後《のち》に全身《ぜんしん》に大悪瘡《だいあくそう》（悪《わる》いできもの）ができた際《さい》、大臣《だいじん》・耆婆《ぎば》の勧《すす》めで釈尊のもとに赴《おもむ》き、その説法《せっぽう》を聞《き》いて病《やまい》を癒《い》やした。釈尊入滅後《にゅうめつご》、第《だい》1回の仏典結集《ぶってんけつじゅう》を外護《げご》したと伝《つた》えられる。

〈注10〉【マハトマ・ガンジー】1869年～1948年。インドの政治家《せいじか》、民族運動《みんぞくうんどう》の指導者《しどうしゃ》。1893年、南《みなみ》アフリカで、インド人《じん》に対《たい》する白人《はくじん》の人種差別《じんしゅさべつ》に反対《はんたい》し、サティヤーグラハ（真理《しんり》の把握《はあく》）と呼《よ》ばれる非暴力《ひぼうりょく》の不服従運動《ふふくじゅううんどう》を展開《てんかい》。第《だい》1次《じ》世界大戦後《たいせんご》、インドに帰《き》国《こく》し、1920年代初頭《ねんだいしょとう》からインド国民会議派《こくみんかいぎは》を率《ひき》いて独立《どくりつ》運動を指導した。インド民族運動の指導者として、詩人《しじん》タゴールにより、「マハトマ（偉大《いだい》な魂《たましい》）」と呼《よ》ばれた。

〈注11〉塩田純『ガンディーを継いで』日本放送出版協会、引用・参照。

〈注12〉【カール・ユング】1875年～1961年。スイス生《う》まれの精神科医《せいしんかい》。分析心理学《ぶんせきしんりがく》の創《そう》始者《ししゃ》。フロイトの弟子《でし》として精神分析の創始に貢献《こうけん》。のちに独自《どくじ》の分析心理学を確立《かくりつ》した。彼《かれ》の研究《けんきゅう》は多岐《たき》にわたり、人類学《じんるいがく》、民族学《みんぞくがく》などの分野《ぶんや》に影響《えいきょう》を与《あた》えた。引用は『現在と未来　ユングの文明論』（松代洋一編訳、平凡社）。

題目を唱《とな》える功徳《くどく》は絶大《ぜつだい》

先師《せんし》・牧口常三郎《つねさぶろう》先生、恩師《おんし》・戸田城聖《じょうせい》先生以来《いらい》、学会は常《つね》に「御書根本《こんぽん》の正道《せいどう》」を歩《あゆ》み抜《ぬ》いてきました。

「行学《ぎょうがく》の二道《にどう》をはげみ候《そうろう》べし」(新1793㌻・全1361㌻)との御聖訓《ごせいくん》の通《とお》り、「剣豪《けんごう》の修行《しゅぎょう》」の如《ごと》き行学錬磨《ぎょうがくれんま》の伝統《でんとう》を重《かさ》ね、大聖人の御精神《ごせいしん》を寸分違《すんぶんたが》わずに実践《じっせん》し、誇《ほこ》りも高く、力強《ちからづよ》く前進《ぜんしん》してきたのです。

御書は「民衆《みんしゅう》の平和《へいわ》と幸福《こうふく》の聖典《せいてん》」です。「太陽の仏法」が放《はな》つ永遠《えいえん》の智慧《ちえ》の光《ひかり》です。御書の一文字一文字には、大聖人の民衆救済《きゅうさい》への大情熱《だいじょうねつ》がみなぎり、正義《せいぎ》の師子吼《ししく》が刻《きざ》まれています。

ゆえに、御書を繙《ひもと》けば、わが胸中《きょうちゅう》に、御本仏《ごほんぶつ》の大生命力《だいせいめいりょく》が脈打《みゃくう》ち、師子王《ししおう》の大慈悲《だいじひ》と大確信《だいかくしん》の声《こえ》が轟《とどろ》きわたります。無限《むげん》の勇気《ゆうき》が湧《わ》き、明日《あす》への希望《きぼう》が広《ひろ》がり、あらゆる苦難《くなん》や試練《しれん》に挑《いど》む負《ま》けじ魂《だましい》が燃《も》え上《あ》がります。

大聖人の烈々《れつれつ》たる御確信《ごかくしん》を拝《はい》し、戸田先生は、同志《どうし》に語られました。

「信心とは、最《もっと》も強《つよ》く自分《じぶん》で確信《かくしん》することです。自分自身《じぶんじしん》が妙法の当体《とうたい》なのだから、諸天善神《しょてんぜんじん》が守《まも》らないわけがないと確信《かくしん》して、題目をあげた時《とき》に、必《かなら》ずそうなるんだよ」と。

この娑婆《しゃば》世界にあって、いかなる人も、生老病死《しょうろうびょうし》の苦悩《くのう》は避《さ》けられません。人によって、悩《なや》みも違《ちが》います。境遇《きょうぐう》も異《こと》なる。しかし、どんな宿命《しゅくめい》も必《かなら》ず打開《だかい》することができるのだと、戸田先生は、その一人《ひとり》一人を抱《だ》きかかえ、魂《たましい》を揺《ゆ》さぶるように励《はげ》まされました。この大確信《だいかくしん》こそが、各人《かくじん》が人間革命と宿命転換《しゅくめいてんかん》を成《な》し遂《と》げ、学会が広宣流布を現実《げんじつ》のものとした要《かなめ》の中の要だったのです。

宇宙《うちゅう》を変化《へんか》させる根本《こんぽん》の生命力《せいめいりょく》

さらに戸田先生は、言葉《ことば》を換《か》えて、こうも訴《うった》えられていました。

「宇宙《うちゅう》を変化《へんか》させる根本《こんぽん》の生命力《せいめいりょく》、これを名付《なづ》けて、南無妙法蓮華経というのである。この妙法が、自分《じぶん》の中にあるのだ。ゆえに、自分《じぶん》の望《のぞ》む方向《ほうこう》に変化《へんか》させていけるのは、当然《とうぜん》のことである」

恩師《おんし》の言葉《ことば》には、ご自身《じしん》が経文通《きょうもんどお》りの大難《だいなん》を勝《か》ち越《こ》えられた、信仰《しんこう》への大確《だいかく》信《しん》がほとばしっていました。

この信心を貫《つらぬ》き通《とお》していくならば、必《かなら》ず所願満足《しょがんまんぞく》の人生《じんせい》を歩《あゆ》み抜《ぬ》いていける。どこにいても、何《なに》があっても、生《い》きていること自体《じたい》が楽《たの》しい、幸《しあわ》せであるという「絶対的幸福《ぜったいてきこうふく》」をつかむことができる。成仏《じょうぶつ》とは、まさに、この絶対的幸福境涯《きょうがい》の確立《かくりつ》なのだ、と。そして、これこそが、私たちが日々《ひび》唱《とな》えている「妙法の題目」の偉大《いだい》な功徳《くどく》にほかならないと、先生は教えられたのです。

ここでは、仏法実践《じっせん》の根源《こんげん》であり、弘教拡大《ぐきょうかくだい》の原動力《げんどうりょく》でもある「信仰《しんこう》の確《かく》信《しん》」について、御文《ごもん》を拝《はい》しながら確認《かくにん》していきましょう。

法華経題目抄《ほけきょうだいもくしょう》（妙《みょう》の三義《さんぎ》の事《こと》）

御文

（新535ページ・全942ページ）

問《と》うて云《い》わく、妙法蓮華経《みょうほうれんげきょう》の五字《ごじ》には、いくばく《幾》の功徳《くどく》をかおさめ《納》たるや。

答《こた》えて云《い》わく、大海《たいかい》は衆流《しゅる》を納《おさ》めたり。大地《だいち》は有情《うじょう》・非情《ひじょう》を持《たも》てり。如意宝珠《にょいほうしゅ》は万財《まんざい》を雨《ふ》らし、梵王《ぼんのう》は三界《さんがい》を領《りょう》す。妙法蓮《みょうほうれん》華経《げきょう》の五字《ごじ》、またかくのごとし。一切《いっさい》の九界《きゅうかい》の衆生《しゅじょう》ならびに仏《ぶっ》界《かい》を納《おさ》む。十界《じっかい》を納《おさ》むれば、また十界《じっかい》の依報《えほう》の国土《こくど》を収《おさ》む。

現代語訳

問《と》うていう。妙法蓮華経の五字にはどれほどの功徳《くどく》を納《おさ》めているのか。

答《こた》えていう。大海《たいかい》はあらゆる河川《かせん》の流《なが》れを納《おさ》めている。大地《だいち》は有《う》情《じょう》・非情《ひじょう》のすべてを支《ささ》え持《たも》っている。如意宝珠《にょいほうしゅ》は、あらゆる財宝《ざいほう》をふらし、大梵天王《だいぼんてんのう》は三界《さんがい》のすべてを治《おさ》めている。

妙法蓮華経の五字も全《まった》く同様《どうよう》である。一切《いっさい》の九界《きゅうかい》の衆生《しゅじょう》、ならびに仏界《ぶっかい》を納《おさ》めている。正報《しょうほう》である十界《じっかい》の衆生を納めているので、十界の依報《えほう》である国土《こくど》も収《おさ》めているのである。

一遍《いっぺん》の題目にも無量《むりょう》の功徳力《くどくりき》

最初《さいしょ》に拝《はい》する「法華経題目抄《ほけきょうだいもくしょう》（妙《みょう》の三義《さんぎ》の事《こと》）」〈注1〉は、入信《にゅうしん》して間《ま》もない女性への御書と考《かんが》えられています。

大聖人は本抄《ほんしょう》の冒頭《ぼうとう》から、題目を唱《とな》える功徳《くどく》が絶大《ぜつだい》であることを示《しめ》されています。

すなわち、「一日に一遍《いっぺん》、一月《ひとつき》あるいは一年、十年、一生《いっしょう》の間《あいだ》に、ただ一遍だけ唱《とな》えたとしても、軽重《きょうじゅう》の悪業《あくごう》に引《ひ》かれることなく、四悪趣《しあくしゅ》〈注2〉に赴《おもむ》かないで、ついには不退転《ふたいてん》の位《くらい》に到達《とうたつ》することができる」（新531ページ・全940ページ、通解）と断言《だんげん》されています。

この明確《めいかく》なる御指南《ごしなん》によって、一遍《いっぺん》の題目にも無量《むりょう》の功徳力《くどくりき》があることを知《し》った門下《もんか》は、心から安堵《あんど》して、信心に励《はげ》んだことでしょう。

さらに大聖人は、「法華経《ほけきょう》の題目《だいもく》は八万聖教《はちまんしょうぎょう》の肝心《かんじん》、一切諸仏《いっさいしょぶつ》の眼目《がんもく》なり」（新532ページ・全940ページ）と仰《おお》せです。法華経の題目は一切《いっさい》の仏《ほとけ》の説法《せっぽう》の根幹《こんかん》であり、題目こそが、あらゆる衆生《しゅじょう》を成仏《じょうぶつ》させる根本《こんぽん》の一法《いっぽう》であると明《あ》かされています。

そして、この根源《こんげん》の功力《くりき》を開《ひら》く鍵《かぎ》こそ、妙法への「信《しん》」であると述《の》べられていきます。

無量《むりょう》の宝《たから》を意《い》のままに取《と》り出《い》だす

その際《さい》、大聖人は、法華経の「信《しん》を以《もっ》て入《い》ることを得《え》たり（以信得入《いしんとくにゅう》）」〈注3〉など、裏付《うらづ》けとなる経文《きょうもん》や法理《ほうり》を通《とお》して、確《たし》かな根拠《こんきょ》を示《しめ》されています。

そして問答形式《もんどうけいしき》で一つ一つ、「信」の妨《さまた》げとなる「不信《ふしん》」を打《う》ち破《やぶ》っていかれます。

御文《ごもん》では、「妙法蓮華経の五字に、どれだけの功徳《くどく》が納《おさ》められているか」との問《と》いを立てられ、九界並《きゅうかいなら》びに仏界《ぶっかい》の衆生《しゅじょう》の全《すべ》て、そして、その十界《じっかい》の衆生が依《よ》って立つ環境《かんきょう》である国土《こくど》まで、一切《いっさい》が納《おさ》められていると仰《おお》せです。

牧口先生も線《せん》を引《ひ》き、大切《たいせつ》にされていた一節《いっせつ》です。

「大海《たいかい》は衆流《しゅる》を納《おさ》めたり」とは、南無妙法蓮華経の一法《いっぽう》に十界《じっかい》の依正《えしょう》、森羅《しんら》万象《ばんしょう》が含《ふく》まれることの譬《たと》えです。

また、無量《むりょう》の宝《たから》を意《い》のままに取《と》り出《い》だせる「如意宝珠《にょいほうしゅ》」〈注4〉という宝《たから》を一つでも手《て》にするならば、全《すべ》ての宝を手に入《い》れることができます。同《おな》じように、南無妙法蓮華経から無量《むりょう》の功徳《くどく》を開《ひら》き顕《あらわ》せることを譬《たと》えています。たった一遍《いっぺん》の妙法の題目にも、十界《じっかい》の依正《えしょう》が包含《ほうがん》され、一切《いっさい》の仏《ほとけ》・菩薩《ぼさつ》の功徳が全《すべ》て余《あま》すところなく納《おさ》まっているのです。

大聖人は他《ほか》の御書でも、「法華一部《ほっけいちぶ》の功徳《くどく》は、ただ妙法等《みょうほうとう》の五字《ごじ》の内《うち》に籠《こ》もれり」（新579㌻・全498㌻）と仰《おお》せです。

「妙法蓮華経の五字」には、法華経一部八巻二十八品全《すべ》ての功徳《くどく》が納《おさ》まっています。

大聖人が題目の功徳《くどく》について、つづられた御文《ごもん》は枚挙《まいきょ》にいとまがありません。

「妙法蓮華経《みょうほうれんげきょう》の五字《ごじ》を唱《とな》うる功徳莫大《くどくばくだい》なり」（新19㌻・全13㌻）

「南無妙法蓮華経とただ一反《いっぺん》申《もう》せる人《ひと》、一人《ひとり》として仏《ほとけ》にならざるはな《無》し」（新2157ページ・全1573ページ）

題目には、これほどまでに偉大《いだい》な功徳《くどく》があるのです。妙法を日々《ひび》、朗々《ろうろう》と唱《とな》え、朗《ほが》らかに前進《ぜんしん》しゆく私たちに行き詰《づ》まりは断《だん》じてありません。

その上《うえ》で、「一生成仏抄《いっしょうじょうぶつしょう》」の「妙法蓮華経《みょうほうれんげきょう》と唱《とな》え持《たも》つというとも、もし己心《こしん》の外《ほか》に法《ほう》ありと思《おも》わば、全《まった》く妙法《みょうほう》にあらず、麤法《そほう》〈注5〉なり」（新316ページ・全383ページ）との御文《ごもん》を心に刻《きざ》みたい。自身《じしん》を離《はな》れて、どこか外《そと》に、妙法を求《もと》めてはならないということです。

私たち一人《ひとり》一人の生命《せいめい》が本来《ほんらい》、尊極《そんごく》の妙法の当体《とうたい》です。そして、もともと自身《じしん》の中にある、無限《むげん》の力《ちから》を引《ひ》き出《だ》す実践《じっせん》こそが、「唱題行」なのです。

誰《だれ》もが仏性《ぶっしょう》を具《そな》えている

「法華経題目抄《ほけきょうだいもくしょう》」では、拝読御文《はいどくごもん》の少《すこ》し先《さき》の方《ほう》に有名《ゆうめい》な「妙《みょう》の三義《さんぎ》」〈注6〉

が説《と》かれます。その第一《だいいち》が「開《かい》の義《ぎ》」です。

「妙《みょう》と申《もう》すことは、開《かい》ということなり。世間《せけん》に、財《たから》を積《つ》める蔵《くら》に鑰《かぎ》なければ、開《ひら》くことかたし《難》。開《ひら》かざれば、蔵《くら》の内《うち》の財《たから》を見《み》ず」（新536ページ・全943ページ）

「蔵《くら》の内《うち》の財《たから》」とは、自分自身《じぶんじしん》に具《そな》わる仏性《ぶっしょう》のことです。

一部《いちぶ》の人、特定《とくてい》の人だけでなく、一人《ひとり》ももれなく、誰《だれ》もが仏性《ぶっしょう》を具《そな》えています。この具わっている宝蔵《ほうぞう》を開《ひら》くことができれば、誰もが仏《ほとけ》になることができます。つまり万人成仏《ばんにんじょうぶつ》が可能《かのう》になるのです。

それほど素晴《すば》らしい宝《たから》を自分《じぶん》が持《も》っているのだと確信《かくしん》して、唱題に励《はげ》んでいくことが、私たちの信仰実践《しんこうじっせん》の出発点《しゅっぱつてん》なのです。

万人《ばんにん》を救《すく》い得《う》る世界宗教《しゅうきょう》

「誰《だれ》もが等《ひと》しく仏子《ぶっし》であり、また宝塔《ほうとう》であるというのが、日蓮大聖人の大精《だいせい》神《しん》だ。だからこそ、万人《ばんにん》を救《すく》い得《う》る真《しん》の世界宗教《しゅうきょう》といえるのだ」とは、戸田先生の達観《たっかん》でした。

唱題を根本《こんぽん》に、自分自身《じぶんじしん》に具《そな》わる仏性《ぶっしょう》を開《ひら》き顕《あらわ》し人間革命していく。その生《せい》命《めい》の尊厳《そんげん》に目覚《めざ》めた民衆一人一人《みんしゅうひとり》が、生《い》き生きと仏法を弘《ひろ》め、他《ほか》の人の仏性も共《とも》に開き顕していくことで、広宣流布は進《すす》み、立正安国《りっしょうあんこく》も現実《げんじつ》のものとなっていきます。

広宣流布とは、自分《じぶん》だけでなく、他者《たしゃ》の仏性《ぶっしょう》をも開《ひら》き顕《あらわ》すという、〝自他共《じたとも》の人間革命の連帯《れんたい》〟を広《ひろ》げていくことです。

現在、この実践《じっせん》に世界中の青年が勇《いさ》んで挑戦《ちょうせん》し、対話《たいわ》の大波《おおなみ》を起《お》こしてくれている。これほどうれしいことはありません。

長引《ながび》くコロナ禍《か》で、人々の分断《ぶんだん》や孤立化《こりつか》といった問題《もんだい》が噴出《ふんしゅつ》する中、創価の同志《どうし》は勇気《ゆうき》と誠実《せいじつ》の対話《たいわ》で人々の心を結《むす》び、互《たが》いの善性《ぜんせい》を薫発《くんぱつ》しながら、大《おお》いなる可能性《かのうせい》を開花《かいか》させています。今や24時間《じかん》365日、世界の地涌《じゆ》の友《とも》が唱《とな》える南無妙法蓮華経の題目が、青《あお》き地球《ちきゅう》を包《つつ》み続《つづ》ける時代《じだい》を迎《むか》えています。

妙一尼御返事《みょういちあまごへんじ》

御文

（新1693ジペー）

彼《かれ》は国王《こくおう》、これは卑賤《ひせん》。彼《かれ》は国《くに》の畏《おそ》れ無《な》し、これは勅勘《ちょっかん》の身《み》なり。これは末代《まつだい》の凡女《ぼんにょ》、彼《かれ》は上代《じょうだい》の聖人《しょうにん》なり。志既《こころざしすで》に彼《かれ》に超過《ちょうか》せり。来果何《らいかなん》ぞ斉等《さいとう》ならざらんや、斉等《さいとう》ならざらんや。

現代語訳

彼《か》の人（釈尊《しゃくそん》）は国王《こくおう》であり、こちらは卑《いや》しい身《み》です。彼の人は国《くに》に恐《おそ》れるものは無《な》く、こちらは国から処罰《しょばつ》を受《う》けた身です。そして、こちらは末代《まつだい》の凡夫《ぼんぷ》の女性であり、彼の人ははるか昔《むかし》の聖人《しょうにん》です。あなたの志《こころざし》は、すでに彼の人を超《こ》えています。未来の果報《かほう》がどうして同《おな》じでないことがあるでしょうか。同じでないことがあるでしょうか。

佐渡《さど》や身延《みのぶ》で大聖人を守《まも》り支《ささ》える

続《つづ》いて拝読《はいどく》する御文《ごもん》は、『日蓮大聖人御書全集　新版《しんぱん》』で新《あら》たに追加《ついか》された「妙一尼御返事《みょういちあまごへんじ》」〈注7〉の一節《いっせつ》です。

本抄《ほんしょう》の末尾《まつび》には「卯月《うづき》（4月）二十六日」の記載《きさい》があり、内容《ないよう》から佐渡流罪《さどるざい》中《ちゅう》であることが分《わ》かります。また、文中《ぶんちゅう》の「弁殿《べんどの》は今年《ことし》は鎌倉《かまくら》に住《じゅう》し」との表現《ひょうげん》は、弁殿（日昭《にっしょう》）が鎌倉に住《す》める状況《じょうきょう》になったことを示《しめ》しており、その状況から御執筆《ごしっぴつ》は文永《ぶんえい》10年（1273年）と考《かんが》えられます。

本抄《ほんしょう》を頂《いただ》いた妙一尼《みょういちあま》は、佐渡《さど》にも、身延《みのぶ》にも、真心《まごころ》の供養《くよう》を送《おく》り続《つづ》けるなど、大聖人を陰《かげ》でお支《ささ》えし純真《じゅんしん》な信心を貫《つらぬ》いた門下《もんか》です。

大聖人は文永《ぶんえい》8年（1271年）、竜《たつ》の口《くち》の法難《ほうなん》、佐渡流罪《さどるざい》と相次《あいつ》いで大難《だいなん》に遭《あ》われ、その迫害《はくがい》の矛先《ほこさき》は鎌倉《かまくら》の大聖人門下《もんか》にも及《およ》びました。所領《しょりょう》の没収《ぼっしゅう》や追《つい》放《ほう》、罰金《ばっきん》など不当《ふとう》な迫害《はくがい》の嵐《あらし》が吹《ふ》き荒《あ》れ、退転《たいてん》する者《もの》が続出《ぞくしゅつ》していた時《とき》です。

妙一尼《みょういちあま》の夫《おっと》も、所領《しょりょう》を没収《ぼっしゅう》されました。それでも妙一尼は、〝師匠《ししょう》をお守《まも》りしたい〟との一心《いっしん》で、自分《じぶん》のもとにいたと思《おも》われる使用人《しようにん》を大聖人のもとに遣《つか》わします。

当時《とうじ》は、各地《かくち》で地震《じしん》が起《お》き、疫病《えきびょう》が広《ひろ》がっていました。さらに蒙古襲来《もうこしゅうらい》の危《き》機《き》が迫《せま》り、幕府《ばくふ》の内紛《ないふん》が起《お》こるなど世情《せじょう》は騒然《そうぜん》としていました。

しかし、妙一尼《みょういちあま》は自《みずか》らが苦境《くきょう》を強《し》いられることをも顧《かえり》みず、ひたすら師匠《ししょう》をお守《まも》りする行動《こうどう》に徹《てっ》したのです。本抄《ほんしょう》はそのお礼《れい》のお手紙《てがみ》です。

妙一尼《みょういちあま》の信心の志《こころざし》を絶賛《ぜっさん》

大聖人は、釈尊《しゃくそん》が過去世《かこせ》に積《つ》んだ身《み》の供養《くよう》と対比《たいひ》されながら、「法華経の行《ぎょう》者《じゃ》」を守《まも》り抜《ぬ》こうとする妙一尼《みょういちあま》の信心の志《こころざし》を大絶賛《だいぜっさん》されます。

拝読御文《はいどくごもん》の前《まえ》の部分《ぶぶん》では、〝昔《むかし》、国王《こくおう》が千年《せんねん》の間《あいだ》、阿私仙人《あしせんにん》にお仕《つか》え申《もう》し上《あ》げ、妙法蓮華経の五字《ごじ》を習《なら》い覚《おぼ》えた。今の釈尊《しゃくそん》がその人である〟と示《しめ》されています。国王が行《おこな》う以上《いじょう》に、貧《まず》しい庶民《しょみん》が実践《じっせん》する方《ほう》がはるかに価値《かち》が大《おお》きいと断言《だんげん》されているのです。

〝あなたの志《こころざし》は、すでに過去世《かこせ》の釈尊《しゃくそん》を超《こ》えています。未来の果報《かほう》がどうして同《おな》じでないことがあるでしょうか〟

信心を貫《つらぬ》き通《とお》しているあなたが不幸《ふこう》になるはずがない。必《かなら》ずや勝利《しょうり》と幸福《こうふく》の人生《じんせい》を全《まっと》うできる――。妙一尼《みょういちあま》を思《おも》いやられる大聖人の深《ふか》い御慈愛《ごじあい》と大確信《だいかくしん》が伝《つた》わってきます。

こうした励《はげ》ましを受《う》けた妙一尼《みょういちあま》は、どれほど勇気《ゆうき》づけられたことでしょうか。

拝読御文《はいどくごもん》にある「志《こころざし》」とは、全《すべ》てを広宣流布に捧《ささ》げていくという、妙一尼《みょういちあま》の純粋《じゅんすい》にして強盛《ごうじょう》な信心であり、「不惜身命《ふしゃくしんみょう》」の実践《じっせん》を指《さ》しています。こうした日々《ひび》の実践は、必《かなら》ず報《むく》われる。それが仏法の厳《げん》たる因果《いんが》の理法《りほう》なのです。

ゆえに、いかなる苦労《くろう》をもいとわず、「冥《みょう》の照覧《しょうらん》」〈注8〉を心から確信《かくしん》できるか否《いな》か――。その根本《こんぽん》は、御本尊への「信《しん》」の一字《いちじ》から始《はじ》まります。

「同《おな》じ法華経《ほけきょう》にてはおわすれども、志《こころざし》をかさぬれば、他人《たにん》よりも色《いろ》まさり、利生《りしょう》もあるべきなり」（新1690ページ・全1221ページ）です。今日《きょう》より明日《あす》へと、いよいよの信心こそ、一生成仏《いっしょうじょうぶつ》の境涯《きょうがい》を開《ひら》く鍵《かぎ》なのです。

「冬《ふゆ》は必《かなら》ず春《はる》となる」との確信《かくしん》

実《じつ》は、大聖人の佐渡流罪中《さどるざいちゅう》に、妙一尼《みょういちあま》の夫《おっと》は亡《な》くなっていました。残《のこ》された幼《おさな》い子《こ》どもたちの中には、病気《びょうき》の子《こ》もいました。妙一尼《みょういちあま》自身《じしん》も、体《たい》調《ちょう》が優《すぐ》れなかったようです。

度重《たびかさ》なる宿命《しゅくめい》の嵐《あらし》に負《ま》けず、不退《ふたい》の信心を貫《つらぬ》き通《とお》している妙一尼《みょういちあま》を、大聖人は心から激励《げきれい》されます。大聖人が佐渡《さど》から戻《もど》られた翌年《よくとし》のことです。

それがあの有名《ゆうめい》な「法華経《ほけきょう》を信《しん》ずる人《ひと》は冬《ふゆ》のごとし。冬は必《かなら》ず春《はる》となる。いまだ昔《むかし》よりきかず見《み》ず、冬の秋《あき》とかえれることを。いまだきかず、法華経《ほけきょう》を信《しん》ずる人《ひと》の凡夫《ぼんぷ》となることを」（新1696ジペー・全1253ジペー）との一節《いっせつ》です。

勝利《しょうり》の凱歌《がいか》は間違《まちが》いない

冬《ふゆ》は必《かなら》ず春《はる》となる。冬が秋《あき》に戻《もど》ることはない――大自然《だいしぜん》の摂理《せつり》と同《おな》じように、信心に生《い》き抜《ぬ》けば、苦悩《くのう》や悲哀《ひあい》に沈《しず》んだまま終《お》わるわけがない。必ず偉大《いだい》な仏《ほとけ》の境涯《きょうがい》を開《ひら》き、大逆転《だいぎゃくてん》の凱歌《がいか》の実証《じっしょう》を築《きず》くことができるのです。

大聖人は、門下一人一人《もんかひとり》の仏《ほとけ》の生命《せいめい》を見いだされていたことでしょう。仮《かり》に今、悩《なや》み苦《くる》しんでいたとしても、妙法を持《たも》った門下《もんか》は、必《かなら》ずや信心根本《こんぽん》に苦難《くなん》を乗《の》り越《こ》えていけることを断言《だんげん》されているのです。

私たちは、この「冬《ふゆ》は必《かなら》ず春《はる》」との御聖訓《ごせいくん》を胸《むね》に、励《はげ》ましを広《ひろ》げてまいりたい。相手《あいて》をどこまでも思《おも》いやる真心《まごころ》、そして信心への揺《ゆ》るぎない確信《かくしん》の言葉《ことば》が、試練《しれん》や苦難《くなん》に直面《ちょくめん》する同志《どうし》の心を奮《ふる》い立たせるのです。

功徳《くどく》の体験《たいけん》は万言《まんげん》に勝《まさ》る

信仰体験《しんこうたいけん》は万言《まんげん》に勝《まさ》る証明《しょうめい》です。

実際《じっさい》に信心を実践《じっせん》した中でつかんだ功徳《くどく》の体験《たいけん》は、自身《じしん》の信心の確信《かくしん》を強《つよ》くし、深《ふか》めていきます。そして、そのありのままの体験が友《とも》の心を打《う》つのです。

今、打《う》ち続《つづ》く試練《しれん》に負《ま》けず、懸命《けんめい》に、また聡明《そうめい》に創意工夫《そういくふう》しながら、希望《きぼう》と蘇生《そせい》の対話《たいわ》を積《つ》み重《かさ》ねているのが、沖縄の同志《どうし》です。

私も、2・8「沖縄の日」の淵源《えんげん》となった会合《かいごう》をはじめ、何度《なんど》となく、2月に沖縄の各地《かくち》を訪問《ほうもん》しました。

「沖縄の心」を表《あらわ》す言葉《ことば》「イチャリバチョーデー（行《い》き会《あ》えば、皆《みな》、きょうだい）」には続《つづ》きがあります。「ヌーフィダティヌアガ（何《なん》の隔《へだ》てがあろうか）」――誰《だれ》も差別《さべつ》することなく、皆《みな》が尊《とうと》い存在《そんざい》であるとの宣言《せんげん》です。

そこには「命《ぬち》どぅ宝《たから》」（命《いのち》こそ宝）という、揺《ゆ》るぎない生命尊厳《せいめいそんげん》の心が光《ひか》って

第28回SGI 総会で海外メンバーを励ます池田先生（2003年9月 東京）

います。

「沖縄の心」に最大《さいだい》の共鳴《きょうめい》

パグウォッシュ会議《かいぎ》（核兵器廃絶《かくへいきはいぜつ》を目《め》指《ざ》す科学者《かがくしゃ》の国際組織《こくさいそしき》）名誉会長のロートブラット博士〈注9〉を、沖縄研修《けんしゅう》道場《どうじょう》にお迎《むか》えしたのは、2000年2月でした。

90歳《さい》を過《す》ぎても、世界平和《へいわ》のために戦《たたか》い抜《ぬ》かれていた博士は沖縄の心に最《さい》大《だい》の共鳴《きょうめい》を示《しめ》されました。「私たちは今一度《いちど》、人間とすべての生命《せいめい》の尊厳《そんげん》に目《め》を向《む》けなければならない」と語られていたことが忘《わす》れられません。

「誰《だれ》もが尊極《そんごく》な存在《そんざい》である」という仏法の哲学《てつがく》を胸《むね》に、私たちは、人間の可《か》能性《のうせい》と尊厳性《そんげんせい》を信《しん》じて対話《たいわ》を広《ひろ》げています。この地道《じみち》な実践《じっせん》こそ、平和建設《へいわけんせつ》への根本《こんぽん》の道《みち》であり、世界をより良《よ》くしていく確《たし》かな方途《ほうと》です。

尊極《そんごく》の生命《せいめい》を輝《かがや》かすための仏法

「妙《みょう》とは蘇生《そせい》の義《ぎ》なり」（新541ページ・全947ページ）——誰《だれ》もが、清新《せいしん》な決意《けつい》に立ち、みずみずしい、満々《まんまん》たる生命力《せいめいりょく》をみなぎらせていくための仏法です。

「冬《ふゆ》は必《かなら》ず春《はる》となる」——ただひたむきに、勝利《しょうり》の春を確信《かくしん》して、いかなる逆境《ぎゃっきょう》をもはねかえして進《すす》み、笑顔《えがお》、笑顔の満足《まんぞく》の人生《じんせい》を送《おく》るための妙法です。

「南無妙法蓮華経は歓喜《かんき》の中《なか》の大歓喜《だいかんき》なり」（新1097ページ・全788ページ）——「わが生命《せいめい》は仏《ほとけ》なり、わが同志《どうし》も仏なり」と、何《なに》ものにも代《か》え難《がた》き歓《よろこ》びで、地《じ》涌《ゆ》の底力《そこぢから》を発揮《はっき》するための信仰《しんこう》です。

青年と共《とも》に！　生涯《しょうがい》青年の心で！

「末法《まっぽう》に入《い》って法華経《ほけきょう》を持《たも》つ男女《なんにょ》のすがた《姿》より外《ほか》には宝塔《ほうとう》なきなり」（新１７３２ﾍﾟｰｼﾞ・全１３０４ﾍﾟｰｼﾞ）――晴《は》ればれと、「誰《だれ》もが皆《みな》、妙法の当体《とうたい》なり」との金剛《こんごう》の確信《かくしん》で、友《とも》の幸福《こうふく》を祈《いの》り、人間革命の哲理《てつり》、無上《むじょう》の価値創造《かちそうぞう》の人生《じんせい》を堂々《どうどう》と語り切《き》っていく。これが私たちの立正安国《りっしょうあんこく》の対話《たいわ》です。

私たちは、どこまでも、青年を慈《いつく》しみ、青年と共《とも》に、そして生涯《しょうがい》青年の心で、勇気凛々《ゆうきりんりん》と前進《ぜんしん》していきましょう。

飛躍《ひやく》の春《はる》、勝利《しょうり》の春、栄光《えいこう》の春、創価桜《ざくら》の満開《まんかい》の春へ！

［注　解］

〈注1〉【法華経題目抄《ほけきょうだいもくしょう》】文永《ぶんえい》3年（1266年）1月、詳細《しょうさい》は定《さだ》かではないが、念仏《ねんぶつ》への執着《しゅうちゃく》を捨《す》て切《き》れない女性門下《もんか》に送《おく》られたとされる。法華経の題目を唱《とな》える功徳《くどく》を問答形式《もんどうけいしき》で示《しめ》されている。

〈注2〉【四悪趣《しあくしゅ》】十界《じっかい》の境涯《きょうがい》のうち、苦悩《くのう》に満《み》ちた地獄《じごく》・餓鬼《がき》・畜生《ちくしょう》の三つ（三悪道《さんあくどう》）に修羅《しゅら》を加《くわ》えた境涯。

〈注3〉【信を以《もっ》て入《い》ることを得《え》たり（以信得入《いしんとくにゅう》）】法華経譬喩品第《ひゆほんだい》3の文《もん》（法華経198ページ）。智《ち》慧第一《えだいいち》とたたえられた舎利弗《しゃりほつ》ですら、信《しん》によって初《はじ》めて法華経に示《しめ》される仏の智慧の境涯《きょうがい》に入《はい》ることができたこと。

〈注4〉【如意宝珠《にょいほうしゅ》】意《い》のままに何《なん》でも取《と》り出《い》だすことができる宝《たから》の珠《たま》。一念三千《いちねんさんぜん》の妙法の功力《くりき》を表《あらわ》している。

〈注5〉【麤法《そほう》】劣《おと》った不完全《ふかんぜん》な法《ほう》。

〈注6〉【妙《みょう》の三義《さんぎ》】「妙」の一字《いちじ》が持《も》つ意義《いぎ》について、「法華経題目抄《ほけきょうだいもくしょう》」で三つの観点《かんてん》で説《と》かれているもの。「開《かい》の義《ぎ》（開《ひら》く義）」とは、法華経こそが一切衆生《いっさいしゅじょう》の成仏《じょうぶつ》の道《みち》を開くこと。すなわち、功徳《くどく》の蔵《くら》を開く鍵《かぎ》が題目を唱《とな》えることであるということ。「具足《ぐそく》・円満《えんまん》の義」は、法華経の題目は万物《ばんぶつ》の根源《こんげん》であり、あらゆる功徳《くどく》が円満《えんまん》に納《おさ》まっているということ。「蘇生《そせい》の義」は、題目の功徳によって、成仏できないとされていた者《もの》まで成仏させることができるということ。すなわち、妙法に一切衆生《いっさいしゅじょう》を救済《きゅうさい》する蘇生の力《ちから》があること。

〈注7〉【妙一尼御返事《みょういちあまごへんじ》】文永《ぶんえい》10年（１２７３年）の御述作《ごじゅっさく》。妙法を持《たも》つ妙一尼は、上代《じょうだい》の聖人《しょうにん》をも超過《ちょうか》する信心の志《こころざし》の人であるとたたえられている。妙一尼は、大聖人の佐渡流罪赦免《さどるざいしゃめん》以前《ぜん》に夫《おっと》を亡《な》くすなどの苦難《くなん》に直面《ちょくめん》した。また、病身《びょうしん》の子《こ》を抱《かか》えながらも、純粋《じゅんすい》な信心を燃《も》やし続《つづ》けた。

〈注8〉【冥の照覧《みょうのしょうらん》】仏《ほとけ》・菩薩《ぼさつ》や諸天善神《しょてんぜんじん》が一切衆生《いっさいしゅじょう》の心や振《ふ》る舞《ま》いを全《すべ》て見通《みとお》して知《し》っていること。「冥」とは「顕《けん》」に対《たい》する語《ご》で、通常《つうじょう》は見えないが確《たし》かにあるものをいう。「照覧」とは、明《あき》らかに照《て》らし見ること。

〈注9〉【ロートブラット博士】ジョセフ・ロートブラット。１９０８年～２００５年。ポーランドのワルシャワ生《う》まれの物理学者《ぶつりがくしゃ》。第《だい》２次《じ》世界大戦中《たいせんちゅう》、アメリカ政府《せいふ》による原爆開発《げんばくかいはつ》の「マンハッタン計画《けいかく》」に招《まね》かれるが、同計画《どうけいかく》から離脱《りだつ》。戦後《せんご》、「ラッセル＝アインシュタイン宣言《せんげん》」発表《はっぴょう》に尽力《じんりょく》するなど核兵器廃絶運動《かくへいきはいぜつうんどう》に挺身《ていしん》。「パグウォッシュ会議《かいぎ》」の初代事務局《しょだいじむきょく》長《ちょう》、会長、名誉会長を歴任《れきにん》。１９９５年にノーベル平和賞《へいわしょう》を受賞《じゅしょう》。池田先生と対談集《たいだんしゅう》『地球平和への探究』（『池田大作全集』第116巻所収）を編《あ》んだ。

真実《しんじつ》の富《とみ》、幸福《こうふく》の人生《じんせい》とは

日蓮大聖人の仏法は、万人成仏《ばんにんじょうぶつ》の大法《だいほう》です。

あらゆる民衆《みんしゅう》が幸福《こうふく》になるための宗教《しゅうきょう》です。

大聖人は、末法万年尽未来際《まっぽうまんねんじんみらいさい》にわたって一切衆生《いっさいしゅじょう》を救《すく》う根本法《こんぽんほう》を確立《かくりつ》し、広《ひろ》めるために不惜身命《ふしゃくしんみょう》、忍難弘通《にんなんぐつう》を貫《つらぬ》かれました。

その原点《げんてん》となる日が「立宗《りっしゅう》の日」です。

建長《けんちょう》5年（1253年）の4月28日、民衆救済《みんしゅうきゅうさい》の大誓願《だいせいがん》の炎《ほのお》を燃《も》やし、大聖人は、ただお一人《ひとり》、「南無妙法蓮華経」と唱《とな》えいだされました。全人類《ぜんじんるい》の「無《む》明《みょう》」という生命《せいめい》の闇《やみ》を晴《は》らす妙法の太陽が昇《のぼ》ったのです。

人類《じんるい》を救《すく》う世界宗教《しゅうきょう》の誕生《たんじょう》

御聖訓《ごせいくん》に、「今、日蓮《にちれん》が唱《とな》うるところの南無妙法蓮華経は、末法一万年《まっぽういちまんねん》の衆生《しゅじょう》まで成仏《じょうぶつ》せしむるなり」（新1004ジペー・全720ジペー）、「法華経《ほけきょう》の大白法《だいびゃくほう》の日本国《にほんこく》ならびに一閻浮提《いちえんぶだい》に広宣流布《こうせんるふ》せんことも疑《うたが》うべからざるか」（新173ジペー・全265ジペー）と仰《おお》せの通《とお》り、大聖人の仏法は、一国《いっこく》・一時代《いちじだい》に限定《げんてい》されるものではなく、全民衆《ぜんみんしゅう》に向《む》けられた世界宗教《しゅうきょう》です。

人種《じんしゅ》や民族《みんぞく》などの差異《さい》を超《こ》え、そして未来永劫《えいごう》にわたって、一人一人《ひとり》が自身《じしん》の尊厳《そんげん》を最高《さいこう》に輝《かがや》かせながら、真《しん》に安穏《あんのん》で平和《へいわ》な世界へ、共《とも》に前進《ぜんしん》しゆくための大哲理《だいてつり》です。いうならば、全人類《ぜんじんるい》に開《ひら》かれた「人間のための宗教《しゅうきょう》」であり、「人間宗《しゅう》」です。

広宣流布の時は今である

恩師《おんし》・戸田城聖《じょうせい》先生は、立宗《りっしゅう》700年に際《さい》して、「時は、今であります」と、広宣流布への大闘争《だいとうそう》の開始《かいし》を宣言《せんげん》されました。そして厳《げん》と語られた。

「この光栄《こうえい》ある日をみんなとともに喜《よろこ》び、いまや確信《かくしん》をもって、折伏《しゃくぶく》に励《はげ》むことを望《のぞ》むものである」

今この時に、人間として生《せい》を受《う》け、妙法流布の師弟《してい》に連《つら》なっていることが、どれほどの福運《ふくうん》であるか。恩師《おんし》は一人一人《ひとりひとり》に、その自覚《じかく》を強《つよ》く促《うなが》し、各人《かくじん》が自《みずか》ら先駆《さきが》けとして、喜《よろこ》び勇《いさ》んで進《すす》む折伏《しゃくぶく》の大潮流《だいちょうりゅう》を創《つく》られました。

「立宗《りっしゅう》の心」――それは〝全人類《ぜんじんるい》を幸福《こうふく》に〟との御本仏《ごはんぶつ》の誓願《せいがん》の一念《いちねん》です。

現代《げんだい》において、現実《げんじつ》に一閻浮提《いちえんぶだい》広宣流布を進《すす》めている創価の師弟《してい》にこそ、この仏《ほとけ》の誓願の魂《たましい》が脈《みゃく》打っているのです。

ここでは、まず、「開目抄《かいもくしょう》」〈注1〉に示《しめ》された大聖人の万人救済《ばんにんきゅうさい》への烈々《れつれつ》たる御覚悟《ごかくご》と大慈悲《だいじひ》を拝《はい》し、〝広宣流布の時は今〟との決意《けつい》をさらに固《かた》めてまいりたい。そして、共々《ともども》に、万人の仏性《ぶっしょう》を呼《よ》び覚《さ》ます対話《たいわ》の波動《はどう》を広《ひろ》げていきましょう。

開目抄《かいもくしょう》

御文

（新101ジペー・全223ジペー）

当世日本国《とうせいにほんこく》に第一《だいいち》に富《と》める者《もの》は日蓮《にちれん》なるべし。命《いのち》は法華経《ほけきょう》にたてまつり、名《な》をば後代《こうだい》に留《とど》むべし。大海《たいかい》の主《しゅ》となれば、諸《もろもろ》の河神《かしん》皆《みな》従《したが》う。須弥山《しゅみせん》の王《おう》に諸《もろもろ》の山神《さんじん》従《したが》わざるべしや。法華経《ほけきょう》の六難九易《ろくなんくい》を弁《わきま》うれば、一切経《いっさいきょう》読《よ》まざるに従《したが》うべし。

現代語訳

今の世《よ》の中で、日本国で第一《だいいち》に富《と》める者《もの》は、この日蓮であるにちがいない。命《いのち》は法華経にさしあげている。名《な》は後世《こうせい》に、必《かなら》ず残《のこ》るのである。

大海《たいかい》の主《しゅ》となったものには、河《かわ》の神《かみ》たちが皆従《みなしたが》う。須弥山《しゅみせん》という山《やま》の王《おう》に、山々《やまやま》の神《かみ》たちが従《したが》わないはずがあるだろうか。

法華経の六難九易《ろくなんくい》が分《わ》かったので、全《すべ》ての経典《きょうてん》は読《よ》まなくても、わがものとなっているのである。

「御書根本《こんぽん》の大道《だいどう》」を歩《あゆ》む

『日蓮大聖人御書全集』は戸田先生の発願《ほつがん》によって、立宗《りっしゅう》700年を慶祝《けいしゅく》して1

952年(昭和27年)4月28日に発刊《はっかん》されました。

戸田先生は、「我《われ》、地涌《じゆ》の菩薩《ぼさつ》なり」とのご自身《じしん》の獄中《ごくちゅう》での悟達《ごだつ》を踏《ふ》まえ、一人《ひとり》一人に御書を、わが地涌の使命《しめい》の実践《じっせん》のために拝《はい》していくよう教《おし》えてくださったのです。

恩師《おんし》が戦後の学会の再建《さいけん》を、教学から始《はじ》められたことは有名です。先生の渾《こん》身《しん》の法華経講義《こうぎ》、また御書講義に、求道《きゅうどう》の老若男女《ろうにゃくなんにょ》が集《つど》いました。「男女《なんにょ》はきらうべからず」(新1791ジペー・全1360ジペー)です。誰《だれ》にも尊《とうと》き地涌《じゆ》の使命《しめい》がある。先生は、皆《みな》がその深き自覚《じかく》に立つように全力で激励《げきれい》を重《かさ》ねられ、広布の陣《じん》列《れつ》を築《きず》いていかれました。学会の伝統《でんとう》は実践《じっせん》の教学です。

先生は、「開目抄《かいもくしょう》」を拝《はい》する姿勢《しせい》を次《つぎ》のように訴《うった》えられました。

「おことばの語句《ごく》をわかろうとするよりは、御仏《みほとけ》の偉大《いだい》なるご慈悲《じひ》、偉大なる確信《かくしん》、熱烈《ねつれつ》なる大衆救護《たいしゅうくご》のご精神《せいしん》、ひたぶるな広宣流布への尊厳《そんげん》なる意気《いき》にふれんことをねがうものである」

大聖人の御精神《ごせいしん》に浴《よく》し、戸田先生が教《おし》えてくださった通《とお》り、地涌《じゆ》の自覚《じかく》に立って御書を拝《はい》することが、真《しん》に「御書根本《こんぽん》の大道《だいどう》」を歩《あゆ》むことになるのです。

「第一《だいいち》に富《と》める者《もの》」との御確信《ごかくしん》

「開目抄《かいもくしょう》」は、大聖人が流罪地《るざいち》の佐渡《さど》で著《あらわ》された重書《じゅうしょ》です。今回《こんかい》は、その中でも御本仏《ごほんぶつ》としての御境涯《ごきょうがい》を述《の》べられた一節《いっせつ》を学《まな》びます。先師《せんし》・牧口常三郎《つねさぶろう》先生も座右《ざゆう》の御書に線《せん》を引《ひ》かれ、心肝《しんかん》に染《そ》め抜《ぬ》かれた御聖訓《ごせいくん》です。

当時《とうじ》、大聖人は、佐渡《さど》にあっては流人《るにん》の身《み》です。酷寒《こっかん》の中にあって、住《す》む場《ば》所《しょ》も、食《た》べるものも、着《き》るものも、どれほど苦労《くろう》なされたことか。そればかりか、命《いのち》までも狙《ねら》われ、生《い》きて帰《かえ》ることもかなわないとされる、筆舌《ひつぜつ》に尽《つ》くせぬ過酷《かこく》な状況《じょうきょう》に置《お》かれていました。

この極限《きょくげん》の境遇《きょうぐう》にあって、大聖人は「当世日本国《とうせいにほんこく》に第一《だいいち》に富《と》める者《もの》」と断言《だんげん》されたのです。なんと偉大《いだい》な御境涯《ごきょうがい》でしょうか。

なぜ「第一《だいいち》に富《と》める者《もの》」であるのか。

それは、末法《まっぽう》広宣流布の時《とき》に生《う》まれ、「法華経の行者《ぎょうじゃ》」として、命《いのち》を妙法に捧《ささ》げられてきたからです。不惜身命《ふしゃくしんみょう》で法華経を受持《じゅじ》し、法華経の弘通《ぐつう》に生《い》き、法華経を身読《しんどく》する——この世《よ》に生《せい》を受《う》けた人間にとって、これ以上《いじょう》の富《とみ》はないからです。いかなる苦難《くなん》、大難《だいなん》の嵐《あらし》にも屈《くっ》しない金剛不壊《こんごうふえ》の「心の財《たから》」こそ、真実《しんじつ》の富である。その究極《きゅうきょく》が仏《ほとけ》の境涯《きょうがい》です。

大聖人は、「竜《たつ》の口《くち》の法難《ほうなん》」〈注2〉で発迹顕本《ほっしゃくけんぽん》され、末法《まっぽう》の御本仏《ごほんぶつ》として御本尊を顕《あらわ》し、全民衆《ぜんみんしゅう》が仏《ほとけ》の生命《せいめい》を現《あらわ》しゆく道《みち》を開《ひら》かれました。同時《どうじ》に、大難《だいなん》を受《う》け、乗《の》り越《こ》えて経文《きょうもん》を身読《しんどく》することで、仏法の真髄《しんずい》を守《まも》り、法華経の未来記を現実《げんじつ》のものとして証明《しょうめい》された。仏法者として、無上《むじょう》の大歓喜《だいかんき》であり、これに勝《まさ》る誇《ほこ》りはありません。だからこそ、「第一《だいいち》に富《と》める者《もの》」「名《な》をば後代《こうだい》に留《とど》むべし」と示《しめ》されたのです。

そして今、仏法西還《せいかん》という大聖人の未来記の実現《じつげん》のため、世界の平和《へいわ》、民衆《みんしゅう》の幸福《こうふく》のために、地涌《じゆ》の使命《しめい》に目覚《めざ》め、不撓不屈《ふとうふくつ》の信念《しんねん》で戦《たたか》う人もまた、まことの生命《せいめい》の充実《じゅうじつ》、歓喜《かんき》に包《つつ》まれた「富《と》める者《もの》」でありましょう。それは妙法と共《とも》に、学会と共に生《い》き抜《ぬ》く同志《どうし》にほかなりません。この一人《ひとり》一人の実証輝《じっしょうかがや》く奮《ふん》闘《とう》が、後代《こうだい》に語り継《つ》がれていくことも間違《まちが》いないのです。

気高《けだか》く耐《た》え忍《しの》ぶことは幸運《こううん》

難《なん》こそ誉《ほま》れ——これは古今東西《ここんとうざい》を貫《つらぬ》く賢者《けんじゃ》に共通《きょうつう》する生《い》き方《かた》です。ローマ帝《てい》国《こく》の賢帝《けんてい》として名高《なだか》いマルクス・アウレリウス〈注3〉はつづっています。

「今後《こんご》なんなりと君《きみ》を悲《かな》しみに誘《いざな》うことがあったら、つぎの信条《しんじょう》をよりどころとするのを忘《わす》れるな。曰《いわ》く『これは不運《ふうん》ではない。しかしこれを気高《けだか》く耐《た》え忍《しの》ぶことは幸運《こううん》である。』」

何《なに》があろうと気高《けだか》く生《い》き抜《ぬ》け——いわんや、信心を持《たも》つ私たちは、生命《せいめい》の次元《じげん》においては即《そく》、「師子王《ししおう》」です。「王者《おうじゃ》」です。最後《さいご》は必《かなら》ず勝《か》つことができるのです。

「法華経《ほけきょう》の行者《ぎょうじゃ》としてかかる大難《だいなん》にあい《遭》候《そうろう》は、くやし《悔》くおも《思》い候《そうら》わず」（新1520ページ・全1116ページ）、「幸《さいわ》いなるかな」「悦《よろこ》ばしいかな、悦《よろこ》ばしいかな」（新1299ページ・全963ページ）、「流人《るにん》なれども喜悦《きえつ》はか《計》りな《無》し」（新1792ページ・全1360ページ）等の大確信《だいかくしん》を拝《はい》して、勇気《ゆうき》を奮《ふる》い起《お》こすのです。大聖人の仏法を持《たも》った私たちは、苦境《くきょう》の時《とき》こそ、誇《ほこ》り高《たか》く、毅然《きぜん》と信念《しんねん》を貫《つらぬ》いていくのです。

立宗直前《りっしゅうちょくぜん》に不退転《ふたいてん》の誓《ちか》いを

大聖人は「開目抄《かいもくしょう》」で、経文《きょうもん》の明鏡《めいきょう》に照《て》らして、御自身《ごじしん》が「末法《まっぽう》の法華経の行者《ぎょうじゃ》」であることを証明《しょうめい》されていきます。

そのために引《ひ》かれている文《もん》の一つが、見宝塔品第《けんほうとうほんだい》11の「三箇《さんか》の勅宣《ちょくせん》」〈注4〉にある「六難九易《ろくなんくい》」です。「六難九易」とは、六つの難《むずか》しいことと、九つの易《やさ》しいことの譬《たと》えを用《もち》いて、釈尊《しゃくそん》の滅後《めつご》に法華経を流布することが至難中《しなんちゅう》の至難であることを示《しめ》したものです。その上《うえ》で釈尊は、菩薩《ぼさつ》たちに、どんな大難《だいなん》があっても仏《ほとけ》の誓願《せいがん》を受《う》け継《つ》ぎ、実現《じつげん》する誓《ちか》いを立てるように命《めい》じたのです。

大聖人は「開目抄《かいもくしょう》」で、立宗直前《りっしゅうちょくぜん》に、妙法流布という、魔性《ましょう》との壮絶《そうぜつ》な戦《たたか》いを覚悟《かくご》される際《さい》に御胸中《ごきょうちゅう》に思《おも》い浮《う》かべられたのが「六難九易《ろくなんくい》」であったと仰《おお》せです（本書66～70ページ参照）。すなわち、〝我々《われわれ》のような力《ちから》のない者《もの》が須弥山《しゅみせん》を投《な》げる〟〝我々のような通力《つうりき》のない者が枯《か》れ草《くさ》を背負《せお》って劫火《ごうか》の中で焼《や》けることがない〟等の九易と、〝法華経の一句一偈《いっくいちげ》でも末法《まっぽう》に持《たも》つことは難《むずか》しい〟等の六難を対比《たいひ》され、全《すべ》ては経文《きょうもん》に説《と》かれているではないか、との決意《けつい》に立たれます。そして、「強盛《ごうじょう》の菩提心《ぼだいしん》をおこ《発》して」（新70ページ・全200ページ）民衆救済《みんしゅうきゅうさい》の誓願《せいがん》に立ち上がられたのです。

戦《たたか》う人に仏《ほとけ》の生命《せいめい》が脈打《みゃくう》つ

「悪世《あくせ》に法華経を説《と》く」「一人《ひとり》のために法華経を説《と》く」等々《とうとう》、六難《ろくなん》として挙《あ》げられているのは、妙法弘通《ぐつう》の困難《こんなん》さであり、偉大《いだい》さです。それは、妙法こそ末《まっ》法《ぽう》に弘通《ぐつう》すべき教《おし》えであることの表明《ひょうめい》とも拝《はい》されます。

「日本第一《にほんだいいち》の法華経《ほけきょう》の行者《ぎょうじゃ》」（新1269ジペー・全902ジペー）として、命《いのち》にも及《およ》ぶ大難《だいなん》を勝《か》ち越《こ》えて、妙法流布に生《い》きられる御自身《ごじしん》のお姿《すがた》を通《とお》して、「法華経《ほけきょう》の六難九易《ろくなんくい》を弁《わきま》うれば」と仰《おお》せなのです。

「大海の主《たいかいのしゅ》」に多《おお》くの河神《かしん》が従《したが》うように、「須弥山《しゅみせん》の王《おう》」に多《おお》くの山神《さんじん》が従うように、「諸経《しょきょう》の王」である法華経を実践《じっせん》する生命《せいめい》が、「仏法の王者《おうじゃ》」として、ひときわ輝《かがや》いていくのです。

自身《じしん》の元品《がんぽん》の無明《むみょう》との大闘争《だいとうそう》に打《う》ち勝《か》ち、妙法流布に生《い》き切《き》る。ここに仏《ほとけ》になる道《みち》があるのです。この峻厳《しゅんげん》なる広布の闘争《とうそう》の中に、仏の生命《せいめい》は脈《みゃく》打《う》つ。戦《たたか》ってこそ永遠《えいえん》の幸福《こうふく》を築《きず》ける。なればこそ大聖人は、「六難九易《ろくなんくい》を弁《わきま》」えて、〝大願《だいがん》に生《い》きよ〟と呼《よ》び掛《か》けてくださっているのです。

富城入道殿御返事《ときにゅうどうどのごへんじ》（十羅刹守護の事《じゅうらせつしゅごのこと》）

御文

（新1343ジペー）

鵝目一結《がもくひとゆい》、給《た》び候《そうら》い了《お》わんぬ。御志《おんこころざし》は挙《あ》げて法華経《ほけきょう》に申《もう》し候《そうら》い了《お》わんぬ。定《さだ》めて十羅刹《じゅうらせつ》の御身《おんみ》を守護《しゅご》せんこと、疑《うたが》いなく候《そうろう》か。さては尼御前《あまごぜん》の御事《おんこと》、おぼつかなく候由《そうろうよし》、申《もう》し伝《つた》えさせ給《たま》い候《そうら》え。恐々謹言《きょうきょうきんげん》。

現代語訳

鵞目一結《がもくひとゆい》をいただきました。あなたの真心《まごころ》のほどは、すべて法華経に申《もう》し上《あ》げました。必《かなら》ず十羅《じゅうら》刹《せつ》があなたを守護《しゅご》されることは疑《うたが》いのないことでしょう。

それにしても、尼御前《あまごぜん》のことを私が心配《しんぱい》していると、お伝《つた》え申《もう》し上《あ》げてください。謹《つつし》んで申《もう》し上《あ》げます。

励《はげ》まさずにはおれない

次《つぎ》に拝《はい》する「富城入道殿御返事《ときにゅうどうどのごへんじ》」〈注5〉は、下総国《しもうさのくに》の中心的《ちゅうしんてき》な門下《もんか》である富木常忍《ときじょうにん》に送《おく》られたお手紙《てがみ》です。『日蓮大聖人御書全集　新版《しんぱん》』で初《はじ》めて収録《しゅうろく》されました。

富木常忍《ときじょうにん》は、共《とも》に信心に励《はげ》む妻《つま》の尼御前《あまごぜん》の病気《びょうき》を深《ふか》く案《あん》じていました。大聖人は、その夫《おっと》の心を汲《く》まれ、「私が心配《しんぱい》していると、お伝《つた》え申《もう》し上《あ》げてください」と、尼御前《あまごぜん》を思《おも》いやられています。

短《みじか》い御書ですが、〝励《はげ》まさずにはおれない〟との、あふれんばかりの大聖人の大慈悲《だいじひ》が胸《むね》に迫《せま》ってきます。

法華経の行者《ぎょうじゃ》の守護《しゅご》を約束《やくそく》

十羅刹《じゅうらせつ》とは、十羅刹女《じゅうらせつにょ》のことであり、法華経に登場《とうじょう》する10人の女性の諸天善《しょてんぜん》神《じん》のことです。十羅刹女は、法華経陀羅尼品第26《だらにほんだい》で、〝法華経の行者《ぎょうじゃ》を悩《なや》ますことは許《ゆる》さない〟等、仏《ほとけ》に誓願《せいがん》を立てます。それは、全《すべ》ての仏を成仏《じょうぶつ》させた根《こん》源《げん》の法《ほう》である法華経に恩《おん》があるからです。

大聖人は、〝御供養《ごくよう》の志《こころざし》を法華経にお伝《つた》えしたので、道理《どうり》として絶対《ぜったい》に十羅《じゅうら》刹《せつ》の守護《しゅご》があります〟と仰《おお》せです。宿命《しゅくめい》の嵐《あらし》と敢然《かんぜん》と戦《たたか》う夫妻《ふさい》への烈々《れつれつ》たる励《はげ》ましです。

「殊《こと》に十羅刹女《じゅうらせつにょ》は法華経《ほけきょう》の題目《だいもく》を守護《しゅご》せんと誓《ちか》わせ給《たも》う」（新1712ジペー・全1241ジペー）、「釈迦仏《しゃかぶつ》・多宝仏《たほうぶつ》・十羅刹女《じゅうらせつにょ》、いかでかまぼらせ《守》給《たま》わざるべき」（新1871ジペー・全1544ジペー）等々《とうとう》、門下《もんか》へのお手紙《てがみ》に、何度《なんど》も十羅刹の守護を教《おし》えられています。

強盛《ごうじょう》な信心が一切《いっさい》を味方《みかた》に

諸天《しょてん》の加護《かご》を約束《やくそく》されているといっても、ただ漫然《まんぜん》と待《ま》っていて守護《しゅご》があるわけではありません。大聖人が幾度《いくど》も御書に引《ひ》かれている妙楽大師《みょうらくだいし》〈注6〉の言葉《ことば》に「必《かなら》ず心《こころ》の固《かた》きに仮《よ》って、神《かみ》の守《まも》り則《すなわ》ち強《つよ》し」とあるように、自身《じしん》の信心の強《つよ》さが、守護する諸天善神《しょてんぜんじん》の働《はたら》きを引《ひ》き出《だ》すのです。

「総《そう》じて、日蓮《にちれん》が弟子《でし》と云《い》って法華経《ほけきょう》を修行《しゅぎょう》せん人々《ひとびと》は、日蓮《にちれん》がごとくにし候《そうら》え。さだにも候《そうら》わば、釈迦《しゃか》・多宝《たほう》・十方《じっぽう》の分身《ふんじん》・十羅刹《じゅうらせつ》も御守《おんまも》り候《そうろう》べし」（新1341ページ・全989ページ）です。

たとえ今、どんなに苦《くる》しくとも、「日蓮《にちれん》がごとく」広宣流布に本気《ほんき》で立ち上がった人を、あらゆる仏菩薩《ぶつぼさつ》が厳然《げんぜん》と守《まも》っていくと断言《だんげん》されているのです。諸《しょ》天善神《てんぜんじん》が、法華経の行者《ぎょうじゃ》を守るために働《はたら》かないわけがありません。経文《きょうもん》には、「魔《ま》及《およ》び魔民有《まみんあ》りと雖《いえど》も、皆仏法《みなぶっぽう》を護《まも》らん」（法華経257ページ）と説《と》かれています。

「いかなる世《よ》の乱《みだ》れにも各々《おのおの》をば法華経《ほけきょう》・十羅刹《じゅうらせつ》助《たす》け給《たま》えと、湿《しめ》れる木《き》より火《ひ》を出《い》だし、乾《かわ》ける土《つち》より水《みず》を儲《もう》けんがごとく、強盛《ごうじょう》に申《もう》すなり」（新1539ページ・全1132ページ）と祈《いの》り戦《たたか》う人は、悪鬼《あっき》も魔民《まみん》も、ありとあらゆるものをも諸天善神《しょてんぜんじん》として、味方《みかた》にしていくことができるのです。

一人《ひとり》一人との絆《きずな》を結《むす》ぶ役割《やくわり》

「あなたのことを心配《しんぱい》しています」——これほどまでにと思《おも》うような、こまやかなお心遣《こころづか》いです。他《ほか》のお手紙《てがみ》でも、随所《ずいしょ》に大聖人の慈愛《じあい》の真心《まごころ》があふれています。そのお心の陽光《ようこう》に触《ふ》れた門下《もんか》は、「冬《ふゆ》は必《かなら》ず春《はる》となる」との希望《きぼう》がみなぎっていったのではないでしょうか。

ハーバード大学の世界的宗教学者《しゅうきょうがくしゃ》であるハービー・コックス博士〈注7〉と語り合った際《さい》、博士は次《つぎ》のように期待《きたい》を寄《よ》せてくださいました。

「人と人との絆《きずな》を、もう一度《いちど》、取《と》り戻《もど》すこと。そこにこそ、現代《げんだい》における宗《しゅう》

東京・信濃町の創価世界女性会館

教《きょう》の果《は》たすべき役割《やくわり》もあると思《おも》います。その達成《たっせい》こそ、私がSGI（創価学会インタナショナル）に強《つよ》く希望《きぼう》することの一つなのです」

分断《ぶんだん》の力《ちから》が増長《ぞうちょう》する時《じ》代《だい》にあって、大聖人のお心を拝《はい》して、全世界で繰《く》り広《ひろ》げられている創価の励《はげ》ましが、どれほど大《おお》きな光明《こうみょう》であることか。

「あの人は元気《げんき》にして

いるだろうか」「体調《たいちょう》は良《よ》くなっただろうか」と思《おも》いを寄《よ》せる。そして、勇気《ゆうき》をもって声《こえ》を掛《か》けていく。「声《こえ》、仏事《ぶつじ》をなす」（新985ジペー・全708ジペー等）で、希《き》望《ぼう》の仏縁《ぶつえん》を結《むす》んでいくのです。その温《あたた》かな心遣《こころづか》いで、人々を包《つつ》んでいくのです。

励《はげ》ましは、苦悩《くのう》の人を蘇生《そせい》させる力《ちから》です。

励《はげ》ましは、万人《ばんにん》の仏性《ぶっしょう》を呼《よ》び覚《さ》ます力《ちから》です。

世界広布の推進《すいしん》も、自分《じぶん》の身《み》の回《まわ》りの一人《ひとり》一人と励《はげ》ましの絆《きずな》を結《むす》んでいくことから始《はじ》まります。

否《いな》、絆《きずな》を一つまた一つと強《つよ》めていくことが、世界広布の確《たし》かな前進《ぜんしん》そのものなのです。

苦難《くなん》が結局《けっきょく》は人類《じんるい》の力《ちから》を伸《の》ばす

ドイツの詩人《しじん》ゲーテ〈注8〉は、「人類《じんるい》の進展《しんてん》」について、「結局《けっきょく》は人類の力《ちから》を伸《の》ばすことになるいろいろな苦難《くなん》は後《あと》を絶《た》つまい」と語っています。

含蓄《がんちく》ある言葉《ことば》です。

広宣流布は、人類《じんるい》の平和《へいわ》と幸福《こうふく》を阻《はば》む魔《ま》との連続闘争《れんぞくとうそう》です。その挑戦《ちょうせん》に雄々《おお》しく応戦《おうせん》し、勝《か》つことによって、人類の境涯《きょうがい》を、より高《たか》みへと引《ひ》き上《あ》げることができるのです。

その意味《いみ》でも、これからの創価の青年の使命《しめい》はあまりにも大《おお》きい。皆《みな》さんの成長《せいちょう》と活躍《かつやく》を、世界の心ある識者《しきしゃ》たちも期待《きたい》しています。

師弟《してい》の誓願《せいがん》に生《い》き抜《ぬ》く誉《ほま》れ

偉大《いだい》な師《し》に出会《であ》ってからの11年間《ねんかん》。私は恩師《おんし》から仏法と万般《ばんぱん》の学問《がくもん》を学《まな》びました。今日《こんにち》があるのは、全《すべ》て先生のお陰《かげ》です。今も私は、恩師との心の対話《たいわ》を重《かさ》ねながら師弟《してい》の旅《たび》を続《つづ》けています。

ある時《とき》、先生は語られました。

「百年後《ひゃくねんご》、二百年後《にひゃくねんご》のために、今、戦《たたか》うのだ。二百年先には、創価の道《みち》の正《ただ》しさを歴史《れきし》が証明《しょうめい》する。後世《こうせい》の人類《じんるい》が必《かなら》ず証明するよ」と。

私たちにとって「立宗《りっしゅう》の日」は、広布の大願《だいがん》に立ち返り、不退《ふたい》の誓《ちか》いに立つ日です。

さあ「一人《ひとり》立つ」精神《せいしん》で、勇躍前進《ゆうやくぜんしん》を！

常《つね》に新《あたら》しき決意《けつい》で、広宣流布の誓願《せいがん》の大道《だいどう》を共々《ともども》に！

［注　解］

〈注1〉【開目抄《かいもくしょう》】佐渡流罪中《さどるざいちゅう》、塚原《つかはら》で御述作《ごじゅっさく》になり、文永《ぶんえい》9年（1272年）2月、門下一同《もんかいちどう》に与《あた》えられた書《しょ》。日蓮大聖人こそが主師親《しゅししん》の三徳《さんとく》を具《そな》えた末法《まっぽう》の御本仏《ごほんぶつ》であることが明《あ》かされている。

〈注2〉【竜《たつ》の口《くち》の法難《ほうなん》】文永《ぶんえい》8年（1271年）9月12日、日蓮大聖人を幕府権力《ばくふけんりょく》が不当《ふとう》に捕《ほ》縛《ばく》。深夜《しんや》に連《つ》れ出《だ》して竜《たつ》の口《くち》で暗々裏《あんあんり》に斬首《ざんしゅ》しようとしたが失敗《しっぱい》。大聖人は、この法難《ほうなん》で発迹顕本《ほっしゃくけんぽん》され、末法《まっぽう》の民衆《みんしゅう》を救《すく》う御本仏《ごほんぶつ》としての御境地《ごきょうち》を顕《あらわ》された。

〈注3〉【マルクス・アウレリウス】121年～180年。第《だい》16代《だい》ローマ皇帝《こうてい》で哲人《てつじん》。ストア哲学《てつがく》などの学識《がくしき》に長《た》け、自省自戒《じせいじかい》の言葉《ことば》をつづった『自省録《じせいろく》』が有名《ゆうめい》。引用は、『自省録』（神谷美恵子訳、岩波書店）。

〈注4〉【三箇《さんか》の勅宣《ちょくせん》】法華経では、見宝塔品第《けんほうとうほんだい》11から虚空会《こくうえ》の説法《せっぽう》が始《はじ》まるが、同品《どうほん》の中で三度《さんど》にわたって、釈尊滅後《しゃくそんめつご》における法華経弘通《ぐつう》を菩薩《ぼさつ》たちに促《うなが》したこと。順《じゅん》に、付嘱有在《ふぞくうざい》・令《りょう》法久住《ぼうくじゅう》・六難九易《ろくなんくい》の三つ。

〈注5〉【富城入道殿御返事《ときにゅうどうどのごへんじ》】別名《べつめい》「十羅刹守護《じゅうらせつしゅご》の事《こと》」。弘安《こうあん》3年（1280年）4月10日の御執筆《ごしっぴつ》と考《かんが》えられている。富木常忍《ときじょうにん》に送《おく》られた一書《いっしょ》。御供養《ごくよう》の御礼《おんれい》を述《の》べられ、妻《つま》の尼御前《あまごぜん》の身《み》を案《あん》じられている。

〈注6〉【妙楽大師《みょうらくだいし》】711年〜782年。中国・唐代《とうだい》の人で中国天台宗《てんだいしゅう》の中興《ちゅうこう》の祖《そ》。著書《ちょしょ》に『法華玄義釈籤《ほっけげんぎしゃくせん》』『法華文句記《ほっけもんぐき》』『摩訶止観輔行伝弘決《まかしかんぶぎょうでんぐけつ》』などがある。「必《かなら》ず心の固《かた》きに……」は『弘決』の文《もん》で、「道場神守護事《どうじょうしんしゅごじ》」（新1321ページ・全979ページ）、「四条金吾殿御返事《しじょうきんごどのごへんじ》（石虎将軍御書《せっこしょうぐんごしょ》）」（新1608ページ・全1186ページ）、「乙御前御消息《おとごぜんごしょうそく》」（新1689ページ・全1220ページ）などに引用されている。

〈注7〉【ハービー・コックス博士】1929年、米国《べいこく》ペンシルベニア州《しゅう》生《う》まれ。宗教学《しゅうきょうがく》博士。アメリカにおける宗教研究の第一人者《だいいちにんしゃ》。ハーバード大学教授《きょうじゅ》、応用神学《おうようしんがく》部長などを歴任《れきにん》。マーチン・ルーサー・キング博士の盟友《めいゆう》として、公民権運動《こうみんけんうんどう》を共《とも》に闘《たたか》った。ベストセラーの『世俗都市』や『東洋へ』『二十一世紀における宗教改革』など著書多数。引用は、池田先生との対談集《たいだんしゅう》『二十一世紀の平和と宗教を語る』（潮出版社）。

〈注8〉【ゲーテ】ヨハン・ヴォルフガング・ゲーテ。1749年〜1832年。ドイツの詩人《しじん》、作家《さっか》。代表作《だいひょうさく》に『ファウスト』『若きウェルテルの悩み』など。革新的文学運動《かくしんてきぶんがくうんどう》を主導《しゅどう》し、後《のち》に、親交《しんこう》を結《むす》んだシラーとともにドイツ古典主義《こてんしゅぎ》を築《きず》き、自然科学《しぜんかがく》の分野《ぶんや》でも研究《けんきゅう》の成《せい》果《か》をあげた。引用は、『ゲーテとの対話（下）』（エッカーマン著、山下肇訳、岩波書店）。

池田大作（いけだ・だいさく）

1928年～2023年。東京生まれ。創価学会第三代会長、名誉会長、創価学会インタナショナル（SGI）会長を歴任。創価大学、アメリカ創価大学、創価学園、民主音楽協会、東京富士美術館、東洋哲学研究所、戸田記念国際平和研究所などを創立。世界各国の識者と対話を重ね、平和、文化、教育運動を推進。国連平和賞のほか、モスクワ大学、グラスゴー大学、デンバー大学、北京大学など、世界の大学・学術機関の名誉博士、名誉教授、さらに桂冠詩人・世界民衆詩人の称号、世界桂冠詩人賞、世界平和詩人賞など多数受賞。

著書は『人間革命』（全12巻）、『新・人間革命』（全30巻）など小説のほか、対談集も『二十一世紀への対話』（A・J・トインビー）、『二十世紀の精神の教訓』（M・ゴルバチョフ）、『平和の哲学　寛容の智慧』（A・ワヒド）、『地球対談　輝く女性の世紀へ』（H・ヘンダーソン）など多数。

女性門下へ　祈りで幸の行進を

発行日　二〇二三年五月　三　日
第5刷　二〇二四年一月二十五日

著　者　池田大作
発行者　小島和哉
発行所　聖教新聞社
〒一六〇―八〇七〇　東京都新宿区信濃町七
電話　〇三―三三五三―六一一一（代表）

印刷・製本　図書印刷株式会社

定価は表紙に表示してあります

ISBN978-4-412-01698-9